CRAFT BEER

GESCHICHTE
BIERSORTEN
BRAUEREIEN

INHALT

IM ANFANG WAR DIE CRAFT

BIER MIT GESCHMACK

Jemand betritt eine Bar, eine Kneipe, ein Restaurant. In Barcelona, London oder Amsterdam. Nehmen wir an, es handelt sich um einen Mann – denn Männer trinken nach Erhebungen der Weltgesundheitsorganisation WHO mehr als doppelt so viel Alkohol und nach Angaben des deutschen Bundesverbraucherministeriums fast siebenmal so viel Bier wie Frauen. Der Mann ist vielleicht übers Wochenende hier, ob geschäftlich oder privat, in Begleitung oder nicht. Ein wenig ratlos schaut er in die Karte, bestellt schließlich ein Bier mit rätselhaftem Namen. Bald steht ein Glas vor ihm, und er nimmt einen großen Schluck gegen den Durst.

Was zum Teufel, denkt er, *ist das?* – und verzieht das Gesicht. Immense Bitterkeit hat ohne jede Vorwarnung seinen Gaumen getroffen, der sich sofort auf links stülpt, um diesen fremden, möglicherweise gefährlichen Geschmack in die Schranken zu weisen. Nach den ersten Abwehr-

Gotthardt Kuehl malte die Braudiele in Lübeck *zwischen 1890 und 1895. Noch lag die Ruhe in der Craft, das nahe 20. Jahrhundert sollte jedoch ganz im Zeichen der industriellen Produktion und der geschmacklichen Normierung stehen.*

Liebe den Hopfen und lebe den Traum – in der schottischen Brauerei BrewDog wird mit archetypischer Leidenschaft und modernster Technik gebraut.

versuche drängen sich blitzartig Fragen auf: Ist das Bier umgekippt? Ist das überhaupt Bier? Wer will mich vergiften? Auf Nachfrage wird unserem Probanden freundlich mitgeteilt, es handele sich um ein India Pale Ale, ein britisches Bitterbier, er brauche keine Angst zu haben. Plötzlich ist sein Ehrgeiz geweckt, und er nippt noch einmal. Und noch einmal. Und wieder. Plötzlich ist alles gar nicht mehr so schlimm. Zunge und Gaumen ahnen inzwischen, was auf sie zukommt, und nehmen jetzt auch andere Tendenzen wahr – Fruchtnoten, Karamelltöne, Kräuteraromen. Eine neue Welt öffnet sich dem Neuling, noch zaghaft, aber schon beim nächsten Versuch wird sich kein gustatorischer Schock mehr einstellen.

Craft-Biere sind anders. Freilich, nicht alle sind extrem, aber viele saurer, bitterer oder alkoholischer, hopfiger, malziger oder hefiger als der Mainstream. Es handelt sich, um es so kurz und prägnant wie möglich zu sagen, um *Bier mit Geschmack*.

HANDWERK HAT GOLDENEN BODEN

Bier war gestern, Craft-Bier war vorgestern, ist heute – und ihm gehört

Anfang des 19. Jahrhunderts soll es in Bayern annähernd 30.000 Haus-, Dorf- und Klosterbrauereien gegeben haben – 2014 waren es nur noch 616 Brauhäuser. Darunter Camba Bavaria, wo sich Tradition und Moderne die Hand geben. Im Hintergrund: die Brauanlage des Wirtshauses respektive Brewpubs.

die Zukunft. Aber der Reihe nach: Das englische Wort *craft* bedeutet so viel wie Handwerk oder handwerklich. Craft-Bier heißt also erst einmal nichts anderes, als dass sich handwerkliches Bier von industriell erzeugtem unterscheidet.

Bis ins 19. Jahrhundert kann es nichts anderes als Craft-Bier gegeben haben. Erst im 20. Jahrhundert mit seinen gewaltigen technischen Umwälzungen und der Entstehung immer größerer Bierkonzerne gewann das industrialisierte Bier die Oberhand über alteingesessene Kleinbrauereien. In diesem Verdrängungswettbewerb, in dem die Kleinen oftmals keine Chance hatten, stellte sich eine gewisse Standardisierung des Brauens ein – und damit auch eine Vereinheitlichung des Geschmacks, denn absatzorientierte Konzerne interessieren sich weniger für wagemutige Aromen als die Maximierung des Gewinns – und brauen deshalb nach dem Gesetz des kleinsten gemeinsamen Nenners.

Die Verdrängung des handwerklichen durch das industrielle Bier hat in keinem Land so extreme Züge angenommen wie in den Vereinigten Staaten. 1873 gab es nach Auskunft der US-amerikanischen Brewers Association 4131 Brauereien zwischen New York und San Francisco, 1978 sank ihre Zahl auf das Allzeittief von 89, 2014 waren es dann wieder stolze 3464 Brauhäuser, und im September 2015 wurde die magische 4000er-Grenze gesprengt – Tendenz: ungebrochen steil aufwärts. Gegen die industrielle Normierung des Biers und des Geschmacks entstand in den USA ab den 1970er Jahren eine Hopfenwurzelbewegung von unten: Erst waren es die Heimbrauer, dann die Mikrobrauereien und heute die Craft-Brauer, die der Einheits-Tristesse den Kampf ansagten und eine neue Braukultur erschufen.

Einst war Brooklyn eines der großen Zentren der amerikanischen Braukultur. Einwanderer aus aller Herren Länder, vor allem aus Deutschland, Belgien und Irland, kamen hierher und brachten ihr Brauwissen mit. Im 19. Jahrhundert befeuerten bis zu 84 Brauereien im Schmelztiegel die Kupferkessel, aber dann begann das große Sterben. Als 1976 sowohl die F. & M. Schaefer Brewing Company ihren Standort in Brooklyn schloss als auch in den Liebmann/Rheingold Breweries die Lichter ausgingen, war vom alten Glanz nichts mehr übrig. Als 1988 die ersten Kisten des Lagers der neu gegründeten Brooklyn Brewery an Bars ausgeliefert wurden, ging die große Leere zu Ende. Heute ist der Big Apple wieder eines der wichtigsten Craft-Zentren der Bierwelt.

Auch in Deutschland wächst die Zahl der Craft-Bier-Fachgeschäfte. Der Craft Beer Store von Ratsherrn in Hamburg gehört zu den größten – mit hunderten Bieren aus aller Welt.

EUROPÄISCHE RENAISSANCE

In der alten Bierwelt lagen und liegen die Dinge freilich anders als in den Vereinigten Braustaaten. Zwar übernahm eine Handvoll Konzerne auch in Europa die Herrschaft über die Märkte, aber viele Brauklöster, Familienunternehmen und Kleinbrauereien konnten sich behaupten – oft mit einem Verkaufsradius von gerade einmal zehn, zwanzig Kilometern rund um den Kirchturm. Im Gegensatz zu den USA, wo Heimbrauen zeitweise die einzige Möglichkeit war, an gutes Bier zu gelangen, verringerte sich auch diesseits des Atlantiks die Anzahl der Brauereien, vom Aussterben waren sie aber nie wirklich bedroht.

Während in den 1980er und 1990er Jahren die US-amerikanischen Mi-

Blitzende Edelstahltanks, handbemaltes Craft-Fahrzeug – eine Impression aus der Brauerei Steamworks aus Vancouver. In Nordamerika entstand die Craft-Bier-Bewegung, hat aber längst auch Europa erreicht – freilich nicht mit dem Bus.

krobrauereien aus dem Boden schossen und die Craft-Revolution anzettelten, erreichte die neue Hopfenkultur Europa mit deutlicher Verspätung. Grob gesagt erst im neuen Millennium sorgten kreative Brauer zunächst schüchtern, dann immer lauter auch zwischen Barcelona und Oslo für Aufruhr. Während der Absatz großindustrieller Produzenten seit Jahren deutlich rückläufig ist, verzeichnen die Kleinbrauer kontinuierlich ehrenwerte Zuwächse.

Die Zeichen des Craft-Booms sind längst auch hierzulande unübersehbar: Verkostungen, Braukurse und Heimbrau-Sets erfreuen sich bis dato unbekannter Beliebtheit. Die Bierliebhaber begnügen sich nicht mehr damit, die Flaschen leer zu machen – sie wollen sie vielmehr selbst befüllen und schreiten deshalb in der heimischen Küche, im Keller oder in der Badewanne zur Tat. Viele Mikro- oder Craft-Brauer haben keine Brauschule besucht, sondern als Heimbrauer angefangen und sind dann – irgendwie – vom Hobby- in den professionellen Bereich hinübergeschliddert. Ein weiteres Indiz für ein neu erwachtes Bierbewusstsein sind die in immer größerer Zahl auftretenden Sommeliers und Sommelièren für Bier, die insbesondere für die perfekte Kombination von Speisen und Getränken sorgen. Und auch in der digitalen Welt blüht das Bier auf: Unzählige Enthusiasten aus aller Welt beschreiben und bewerten auf Internetportalen wie BeerAdvocate oder RateBeer, gegründet 1996 bzw. 2000, in millionenfacher Ausführung hunderttausende Biere. Und auf der Welt

Männerromantik pur: Matthew Brynildson, Braumeister bei Firestone Walker in Kalifornien, lehnt tiefenentspannt an prall mit Gerstensaft und Herzblut gefüllten Fässern – nur Biertrinken ist schöner.

bekanntester Videoplattform kann man unzählige Tastings in Ton und Bild verfolgen; einige der Stars der Szene scheinen gar nichts anderes mehr zu machen, als es sich schmecken zu lassen.

Craft-Bier ist gleichbedeutend mit einer Renaissance des Brauens. Es macht die Bier-Landschaft bunter – durch eine neue Experimentierlust, durch den Rückgriff auf die Traditionen aller großen Braukulturen, durch die Erforschung des Bierraums jenseits des Reinheitsgebots, der Braukonventionen und des Einheitsgeschmacks, durch verschwenderische Maßlosigkeit bei der Verwendung herkömmlicher und außergewöhnlicher Zutaten. Und es stellt eine Herausforderung dar – an die Bierliebhaber in den Craft-Zentren und an der Peripherie, deren Geschmacksknospen sich auf immer neue geschmackliche Abenteuer einstellen müssen und dürfen. Noch ist das alles, insbesondere in Deutschland, neu und nicht abzusehen, wohin die Reise geht. Höchste Zeit, ein wenig Ordnung in die Craft-Meierei zu bringen ...

Eine museumsreife Abfüllapparatur aus dem Hause Oud Beersel in Flämisch-Brabant. Gueuze, Kriek und Co. werden traditionell nicht mit metallenen Kronkorken, sondern mit einem Sektkorken, der mit einem Drahtgestell fixiert wird, verschlossen. Bei Lambic-Brauern, aber auch in vielen anderen Mikrobrauereien stellt das Abfüllen und Verschließen der Flaschen ein großes Problem und eine echte Hürde dar – Handarbeit ist zeitraubend und wenig effektiv, eine professionelle vollautomatische Abfüllanlage jedoch ein teurer Spaß.

Craft-Bier-Wissen

CRAFT-BIER – IN ALLER MUNDE UND DOCH UNBESCHREIBLICH

VON DER MIKROBRAUEREI ZUR CRAFT-BEWEGUNG: KLEIN, UNABHÄNGIG, TRADITIONELL?

Was ist das eigentlich – Craft-Bier? Was unterscheidet die hippen Newcomer von „herkömmlichem“ Gerstensaft?

Um gleich mit der Sprache herauszurücken: Unter dem Strich gibt es kein einziges Kriterium, mit dem man Craft-Bier wasserdicht von Normal-Bier unterscheiden kann. Die Unterschiede bleiben stets graduell: Craft-Brauereien sind kleiner, Craft-Biere aromatischer – das stimmt zwar in der Regel, aber eben auch nicht immer, nur tendenziell, nicht absolut.

Schon die Definition der US-amerikanischen Brauervereinigung zeigt das Dilemma. Eine Craft-Bier-Brauerei, heißt es dort, ist „klein, unabhängig und traditionell“. Es handelt sich da-

Neuer Wein in alten Schläuchen – die Brouwerij de Molen lagert ihre experimentellen, avantgardistischen Biere in traditionellen Holzfässern.

Die Brauer von De Struise heißen uns willkommen in der Dorfschule des Brauens – mit ihren zugleich traditionellen und zukunftsweisenden Suden gehen sie über das kleine Einmaleins von Hopfen und Malz weit hinaus. Die ländliche Gemeinde Vleteren in Westflandern gehört zu den Epizentren der europäischen Braukunst, denn in der Sint-Sixtusabdij van Westvleteren haben einige Trappisten den direkten Braudraht nach oben.

bei um eine vielleicht nicht falsche, aber doch offensichtlich nichtssagende Definition, die so gut wie nichts und niemand ausschließt.

Craft-Bier ist eine Bewegung, die in den letzten Jahrzehnten zunächst in den USA, dann auch in Europa entstanden ist. Despektierlich gesagt, handelt es sich um eine „neumodische" Form des Bierbrauens und -genusses. Aber was sagen dazu wohl die vielen kleinen, alteingesessenen, unabhängigen Brauereien auf der britischen Insel, in belgischen Klöstern, in Franken, Bayern, Böhmen oder anderswo in Europa? Schließlich waren sie seit jeher „klein, unabhängig und traditionell".

Wenn man näher hinschaut, was sich genau hinter dem Dreiklang der Brewers Association verbirgt, dann bleibt nicht viel übrig: *Klein* heißt, dass Craft-Brauereien „nur" 6 Mio. Barrel produzieren dürfen, was etwa drei Prozent der US-amerikanischen oder zehn Prozent der deutschen Gesamtproduktion entspricht; oder umgerechnet circa 982 Millionen Litern. Ein gigantischer Ausstoß, den nur eine Handvoll der größten weltweit operierenden Brauereien übertreffen. *Unabhängig* bedeutet keinesfalls, dass Craft-Bier-Brauereien ganz und gar eigenständig sind, denn zu immerhin 25 Prozent dürfen sie anderen Unternehmen, etwa Großbrauereien, gehören. Und mit *traditionell* ist nicht viel mehr

„Stoppt Massenbierhaltung!", lautet der Slogan der deutschen Bierfreunde Von Freude. Denn nur mit glücklichem Hopfen, natürlichen Malzen und freilaufenden Hefen entsteht, was doch so viele wollen: „Gutes Bier!"

gemeint, als dass Craft-Biere mit den üblichen Verdächtigen, also Hopfen, Malz und Hefe, gebraut werden, das aber nicht nur „traditionell", sondern ausdrücklich auch „innovativ".

ZU GROSS, UM ZU SCHEITERN?

In den zurückliegenden Jahrzehnten fand nicht nur – erst in den sogenannten „Mikrobrauereien", dann unter dem Label „Craft-Bier" – eine zuvor unbekannte Geschmacksexplosion statt. Zeitgleich gab es eine Welle von Brauereifusionen, die zu einer extremen Konzentration von Marktmacht geführt hat: 1984 fusionierten die belgischen Brauereien Piedboeuf (Jupiler) und Stella Artois zur Interbrew, die in den folgenden Jahren rund um den Globus Brauereien aufkaufte. 2004 fusionierte Interbrew mit AmBev (American Beverage Company), einem der weltweit größten Getränkehersteller und der Nummer eins in Lateinamerika, zur InBev-Gruppe. Der Big Player schluckte 2008 Anheuser-Busch und firmierte seither als AB Inbev. Längst die klare Nummer eins der Welt mit mehr als 200 Brauereien in gut 100 Ländern, war der Appetit des brasilianisch-amerikanisch-belgischen Riesen immer noch nicht gestellt. 2015 einverleibte sich der Konzern mit dem britisch-südafrikanischen Braukonzern SAB Miller die weltweite Nummer zwei für bescheidene 96 Milliarden Euro aus der Kaffee- oder besser wohl Bierkasse. Nach einer der größten Übernahmen nicht nur der Brauerei-, sondern der Wirtschaftsgeschichte überhaupt stammt rund jedes dritte Bier, das weltweit über den Tresen geht, aus ein und demselben Konzern. Ob Beck's oder Budweiser, Corona oder Miller, Peroni oder Nastro Azzurro, Pilsener Urquell oder Tyskie, Franziskaner oder Löwenbräu, Leffe oder Hoegaarden, Brahma aus Brasilien oder Zhujiang aus China – immer hat der globale Gigant seine Finger im Spiel. Zum Vergleich: Die drei größten selbständigen deutschen Brauereien (Radeberger, Oettinger und Bitburger) kommen zusammen gerade einmal auf einen Marktanteil von 1,5 Prozent.

Hopfendolden zu Handgranaten – Crew Republic aus München präsentieren stolz ihre schärfste Waffe.

Die weltweite Konzentration vieler Marken in wenigen Händen geschieht, so viel sollte klar sein, unter ökonomischen Aspekten. Die Biere der globalen Player, allen voran AB Inbev, aber auch Heineken in den Niederlanden, Carlsberg in Däne-

Blitzender Edelstahl soweit das Auge reicht: Die neue Brauerei von Meantime in London soll rund 7 Mio. £ gekostet haben. Craft hin, Tradition her, modernste Technik hat noch selten geschadet – man hat dann schließlich mehr Zeit für die Entwicklung kreativer Ideen.

mark oder CRB und Tsingtao aus China, werden dafür gemacht, ihre Marktanteile mindestens zu behaupten und bestenfalls auszubauen. Sie können also gar nicht anders, als sich am (unterstellten oder tatsächlichen) Geschmack der großen Masse der Bierkonsumenten zu orientieren.

KOMPROMISSLOS BRAUEN

Echte Connaisseurs in Sachen Hopfen und Malz werden sich auf Dauer von „industriell gleichgeschaltetem" Massenbier nicht zufriedenstellen lassen. Sie sind Jäger verlorener Schätze, ausgestorbener oder zwischenzeitlich vergessener Biere, sie lechzen nach prall gefüllten Malz- und Hopfenbomben, die noch auf keiner anderen Zunge explodierten, sie suchen begeistert nach aromaintensiven Charakterbieren, die dem Gros der Biertrinker erheblich zu bitter, viel zu intensiv, deutlich zu extrem wären.

„Sei sozial – trink lokal". Brauer Chuck McLaughlin von der Fallbrook Brewing Company im kalifornischen San Diego County ist der Ansicht, dass Bier Vertrauenssache ist und nicht in die Hände global agierender Braukonzerne gehört.

Mit einem Wort: Viele Bierliebhaber möchten mehr Geschmack, während industrielles Bier, um niemanden vor den Kopf zu stoßen, tendenziell ein Mindestmaß an Aromen nicht zu überschreiten trachtet. Zur Authentizität von Craft-Bier-Brauern gehört, dass sie keinem (unterstellten oder tatsächlichen) Massengeschmack hinterherhecheln, sondern überhaupt keinem Urteil vertrauen als dem des eigenen Gaumens. Ein Bier ist schließlich dann und genau dann „das beste“, wenn es einem selbst am besten mundet.

Craft-Bier-Brauen bedeutet letztendlich vielleicht, sich nicht am Prinzip der Nachfrage zu orientieren, sondern auf eine Kultur des Angebots zu setzen. Am ehesten wohl kann man das Phänomen verstehen, wenn man nicht auf Absatzzahlen, Brauarten oder Traditionen schielt, sondern das handwerkliche Brauen als eine soziale Bewegung versteht, genauer gesagt als eine Protestbewegung, als eine Graswurzel-, pardon, Hopfendoldenbewegung unzufriedener Bierliebhaber.

Sieht wie ein Wein- oder Champagner-Keller aus, ist es aber nicht: Riegele in Augsburg gehört zu den renommiertesten und besten Brauhäusern Deutschlands. Mit dem Michaeli*, dem Grand Cru unter den Märzen, sowie acht Brauspezialitäten hat Sommelier-Weltmeister Sebastian Priller den qualitativen Rahmen neu gesteckt und die Latte hoch gelegt.*

VERGESSENE BIERE, BEFREITES BRAUEN UND ENTHEMMTER HOPFEN

Craft-Biere unterscheiden sich von Industrieprodukten mehr oder weniger deutlich. Bei manchem extremen Gebräu sind die eklatanten Unterschiede unverkennbar, während mildere Craft-Biere sich nur um Nuancen abheben. Drei Phänomene sind es vor allem, die in dieser Hinsicht die Hauptrolle spielen: erstens die Wiederentdeckung vernachlässigter oder gänzlich verschwundener Braustile, zweitens das Brauen jenseits des Reinheitsgebots und drittens die maßlose Verwendung von Aromahopfen.

Grundsätzlich kann jede Biersorte handwerklich hochwertig umgesetzt werden, vom bayerischen Weizen bis zum belgischen Witbier, vom böhmischen Schwarzbier bis zum britischen Porter, vom leichten Hellen bis zum schweren Doppelbock. Erlaubt ist, was gefällt, und zweifelsohne werden in den nächsten Jahren noch so manche Braustile ins Rampenlicht treten, die derzeit noch ein Schattendasein fristen. Es gibt unter Craft-Brauern darüber hinaus eine große Lust, Braustile wiederzuentdecken, die im Zuge der industriellen Vereinheitlichungsprozesse an den Rand gedrängt wurden oder ausgestorben sind: von den mittelalterlichen Grutbieren, die statt mit Hopfen mit Kräutermischungen aromatisiert werden, über die Rauchbiere, die im Zuge der Modernisierung der Mälztechniken von der Regel zur Ausnahme wurden, bis hin zu den Sauerbieren, die insbesondere in Deutschland völlig aus der Mode gekommen sind. Und – ganz grundsätzlich – gilt: Während das

India Pale Ale war gestern, Global Pale Ale *ist heute – Nøgne Ø aus Norwegen aromatisieren ihr weit über Indien hinausgehendes Pale Ale mit 13 Hopfensorten aus Australien, Deutschland, England, Neuseeland, Slowenien, Tschechien und den USA.*

Brauerei, Brewpub und Restaurant in einem Raum: Bei Oproer in Utrecht kann man gleichzeitig vegan speisen, lecker trinken und interessiert zuschauen.

industrielle Bierzeitalter mit überwältigender Mehrheit auf untergärige Lagerbiere setzte, ist die Craft-Bewegung eine Renaissance der obergärigen Biere.

Craft heißt nicht zuletzt, die ausgetretenen Pfade zu verlassen. Nicht selten ist damit eine Rebellen-Attitüde verbunden – und ein Aufbegehren gegen einschnürende Regeln. Zwar überwiegen auch in den handwerklichen Nischen Biere, die dem deutschen Reinheitsgebot Genüge leisten. Gleichwohl möchten sich viele der kreativen Köpfe nicht in ein Prokrustesbett zwängen und zwingen lassen, sondern ihre Experimentierlust in vollen Zügen ausleben. Obst und Gemüse, Kräuter und Gewürze, Kaffee, Kakao und Honig sind nur einige der Zutaten, die gerne mal im Kessel landen. Aber die Frage, ob Tonkabohnen, Sellerieknollen oder Lavendelblüten ins Bier gehören oder nicht, ist ein typisch deutsches Problem, das die meisten Akteure der globalen Braukultur nur mit den Schultern zucken lässt.

Die (India) Pale Ales sind die Flaggschiffe der Bewegung – und oftmals wahre „Hopfenbomben“. Die mitunter ausgesprochen bitteren und zugleich extrem fruchtigen Biere sind beinahe zum Synonym für Craft-Bier geworden. Ihr charakteristisches Geschmacksprofil erhalten sie von Aroma- oder Flavourhopfen und durch die Technik des Hopfenstopfens respektive Kalthopfens. Dabei handelt es sich nicht um eine Neuerfindung, sondern um eine Wiederentdeckung und Weiterentwicklung. Schon bevor in der zweiten Hälfte des 19. Jahrhunderts wegen der drastisch verbesserten Kühlmöglichkeiten die Epoche der untergärigen Lagerbiere anbrach, war das Hopfenstopfen weit verbreitet – die vormodernen Brauer verstanden sich prächtig auf ihr Handwerk. Aus ökonomischen Gründen starb die Technik im 20. Jahrhundert beinahe aus, denn schließlich machen massive Hopfengaben das Produkt teurer, während die rationelle Dosierung, wie sie im industriellen Maßstab üblich ist, den Preis erheblich zu drücken vermag. Kalthopfen macht Biere sehr viel geschmacksintensiver, aber eben auch viel teurer. Trotzdem hat der Trend längst nachhaltige Folgen gezeitigt: Wegen der rasant zunehmenden Beliebtheit von Aromahopfen sind in den letzten Jahren durch Kreuzung zahlreiche neue Sorten entstanden, die bis dahin ungekannte Geschmacksexplosionen ermöglichen – in Deutschland beispielsweise Hallertau Blanc, Hüll Melon oder Mandarina Bavaria. So radikal und enthemmt wie heute wurde wohl noch nie gehopft, und viele Hopfentropfen der brautechnischen Postmoderne wären noch vor wenigen Jahren undenkbar gewesen.

Vergessene Biere, befreites Brauen und enthemmter Hopfen – das sind die wohl drei auffälligsten handwerklichen Tendenzen der Craft-Bewegung. Von hier aus kann man einen Blick auf das sehr deutsche Reinheitsgebot und das weite Feld der internationalen Bierstile werfen, in dem Craft-Brauer die Tradition neu erfunden haben und gleichzeitig über sie hinausgehen.

So pittoresk kann Brauen sein – im beschaulichen Bodegraven in Südholland hat die Brouwerij De Molen ihre Zelte in einer Windmühle aus dem 17. Jahrhundert aufgeschlagen.

P

REINHEIT? NATÜRLICHKEIT!

1493 erließ Georg der Reiche, Herzog von Bayern-Landshut, eine Vorschrift, nach der „zu kainem pier merer stückh dan allain gersten, hopfen un wasser genommen un gepraucht solle werdn". 1516 dehnten Wilhelm IV. und Ludwig X. die Regel auf ganz Bayern aus. Die wohl älteste Lebensmittelrichtlinie, die noch heute ihren Spuk treibt, war geboren.

In der Folge wurde das Reinheitsgebot verwässert, erweitert und mit zahlreichen Ausnahmen gespickt – oder gleich ganz vergessen. Mitte des 19. Jahrhunderts galten in Bayern wieder die altbekannten strengen Auflagen, ab 1906 in ganz Deutschland. 1918, vor gerade einmal einem Jahrhundert, fand der Begriff Reinheitsgebot, heute vom Hauch

Das Mauna Kea India Pale Ale *der englischen Brauerei Summer Wine wird mit fünf tropischen Früchten vergoren: Mango, Ananas, Maracuja, Litschi und Kokosnuss. Es ist frisch, trocken und spritzig, nicht die Früchte sind dominant, sondern die herben Hopfenaromen. Ein großartiges Bier für heiße Sommernächte – aber ein „Schwerverbrechen" wider das Reinheitsgebot.*

Für seine Quetsche Tilquin à l'ancienne *verwendet Pierre Tilquin Pflaumen der Sorten Prune de Namur und Quetsche véritable d'Alsace – in Belgien würde es niemandem einfallen, Obst vom Bier fernzuhalten.*

Bei Camba Bavaria im Chiemgau geht es zünftig zu – bayerischer kann ein Brau- und Wirtshaus gar nicht sein. Gleichwohl steht Bräu Markus Lohner mit dem Reinheitsgebot auf Kriegsfuß, seit das Landesamt für Gesundheit und Lebensmittelsicherheit sein Milk Stout *verbot und weitere Biere, wie den* Coffee Porter, *observieren ließ. Kein Wunder, dass er laut überlegte, mit Sack und Pack ins nahe Salzburger Land überzusiedeln …*

der Ewigkeit umweht, erstmals verbürgt Erwähnung – Hans Rauch, bayerischer Landtagsabgeordneter und Professor für Betriebswissenschaften an der Hochschule für Landwirtschaft und Brauerei Weihenstephan, bezog ihn ausdrücklich auf die Verordnung von 1516. Die aktuelle Form regelt das „Vorläufige Biergesetz“ aus dem Jahr 1993. Neben Gerstenmalz, Hopfen, Hefe und Wasser erlaubt es für obergärige Biere Malz von anderen Getreiden, den Zusatz von „technisch reinem“ Zucker und daraus gewonnener Zuckercouleur sowie für obergäriges Einfachbier auch Süßstoff.

So weit, so gut. Ein handfester Skandal versteckt sich allerdings in § 8, Absatz 6: „Als Klärmittel für Würze und Bier dürfen nur solche Stoffe verwendet werden, die mechanisch oder adsorbierend wirken und bis auf gesundheitlich, geruchlich und geschmacklich unbedenkliche, technisch unvermeidbare Anteile wieder ausgeschieden werden." Während die Hüter des deutschen Reinheitsgebots sich gegenseitig auf die Schulter klopfen und die arglosen Biertrinker sich vor „Chemieplörre" geschützt wähnen, erlaubt diese unschuldig klingende Bestimmung den Einsatz von, genau, Chemie. Denn als Klärmittel wird in der industriellen Produktion das Kunststoffpulver Polyvinylpolypyrrolidon (PVPP alias E 1202) eingesetzt. Es bindet die Trübstoffe und wird wieder herausgefiltert. PVPP muss nicht in der Zutatenliste angegeben werden, weil es ja, bis auf „technisch unvermeidbaren Anteile", nicht in der Flasche landet.

Während also auf der einen Seite das Hohelied des Reinheitsgebots gesungen und das Schreckgespenst des Chemiebiers an die Wand gemalt wird, erlaubt das „Vorläufige Biergesetz" ein hygroskopisches Kunststoffpulver. Aber es verbietet vor allem: Weizenmalz in untergärigem Bier, unvermälzte Gerste, und natürlich Lorbeer, Kümmel und Wacholder, Rosmarin, Nelken oder Pfeffer. Außerdem nicht mit von der Partie: Obst und Gemüse aller Art, Kaffee- und Kakaobohnen, Vanilleschoten, Nüsse, Honig und, und, und ...

In und um Berlin eine Rarität, in der weiten Bierwelt dagegen immer häufiger anzutreffen: Die Berliner Weiße, die, gut gemacht, nicht mit Sirup gepanscht werden muss. Die englische Brauerei Siren braut sie nicht nur mit wechselnden Hopfensorten, sondern experimentiert auch mit Früchten. Für ihre in Bourbon-Fässern gereiften Versionen von Calypso *haben sie beispielsweise Gurke, Grapefruit, Minze, Basilikum, Kumquat, Maracuja, Drachenfrucht und Stachelbeeren ausprobiert.*

Die Klosterbrauerei Neuzelle braut den Schwarzen Abt *– ein Schwarzbier – nach eigenen Angaben seit inzwischen über 425 Jahren. Und zwar mit einem geringen Anteil Invertzuckersirup. Nach der Wiedervereinigung stellte die Brauerei den Antrag, auch weiterhin so verfahren zu dürfen. Nach der prompten Ablehnung kam es zum zwölfjährigen „Brandenburger Bierkrieg", einer langatmigen Auseinandersetzung vor Gericht, die 2005 letztinstanzlich zugunsten der Klosterbrauerei entschieden wurde. Wohl bekomms!*

Man braucht das alles ja schließlich auch nicht. Nicht unbedingt jedenfalls. Myriaden exzellenter Biere, die nichts als Malz, Hopfen, Hefe und Wasser enthalten, sind der beste Beweis. Dennoch ist das Reinheitsgebot in den Augen vieler Craft-Brauer nichts als Augenwischerei, Heuchelei, Etikettenschwindel – und nicht eben förderlich für kreatives Brauen. Deswegen sprechen sich kritische Stimmen für die Ersetzung des Reinheits- durch ein Natürlichkeitsgebot, das PVPP verböte und Ingwer, Ahornsirup und Sellerie – gerne biologisch angebaut – erlaubte.

Gegen ein Natürlichkeitsgebot, das mit Reinheit und Kreativität ernst machen würde, sind rationale Argumente nur schwer zu finden, dennoch verteidigen Brauindustrie und -verbände das Reinheitsgebot mit religiösem Zungenschlag. Ist aber auch nicht schlimm, denn die Konsequenzen sind zu verschmerzen: Biere mit Gurke oder Mango, Kräutern oder Gewürzen, Haferflocken oder Schokolade dürfen vor allem eins nicht – sich „Bier" nennen. Macht nichts, lässt man sich eben ein Nicht-Bier schmecken!

CRAFT-BIER-VIELFALT – DIE NEUE UNÜBERSICHTLICHKEIT

Die deutschen Gewohnheiten sind in Stein gemeißelt: Mehr als die Hälfte aller Biere, die in Getränke- und Supermärkten verkauft und in Kneipen und Restaurants ausgeschenkt werden, sind Pilsener Brauart. Den Rest des Kuchens teilen sich Export, Weizen, Helles, Schwarzbier, Alt und Kölsch, alle weiteren Sorten scheitern an der Ein-Prozent-Hürde. Im Craft-Bereich müssen sich die traditionellen deutschen Biere oft mit Nebenrollen begnügen. Des Deutschen liebstes Hopfenkind, das Pilsener, liegt beispielsweise seit eh und je in tausendundeiner handwerklich perfekten Version vor, vom Alpirsbacher Kloster- bis zum Würzburger Hofbräu. Der Hauptgrund dürfte allerdings sein, dass die Craft-Bewegung, wie so viele Trends, in den Vereinigten Staaten entstanden ist und dann über den Atlantik schwappte. Es kann deshalb nicht verwundern, dass zuerst die anglo-amerikanische Biertradition aufgegriffen wurde. Längst sind aber auch die belgischen Stark- und Sauerbiere in den Fokus getreten – und in ihrem Sog auch deutsche Verwandte, wie der Bock und die Gose.

Die Qual der Wahl – in den Pubs der Coronado Brewing Company aus Kalifornien sind zahlreiche Biere „on tap", also im Fassausschank.

Manchmal ist guter Rat teuer – die Vielfalt der Craft-Biere macht es Interessierten nicht immer leicht.

Die Craft-Regale sind jedenfalls prall gefüllt mit Bieren, auf die man in normalen Sortimenten nicht oder nur selten trifft. Was also tun, wenn man als interessierter, aber nicht fachkundiger Biertrinker ratlos davorsteht? Blind ins Regal greifen, nach Etikett oder Alkoholgehalt entscheiden, die freundliche „Fach-Craft" fragen – das alles kann unterhaltsam, informativ und sinnvoll sein. Ein wenig Ordnung und Struktur in die Craft-Unübersichtlichkeit soll das nachstehende Brevier der wichtigsten europäischen Bierkulturen und ihrer bekanntesten Brauarten bringen.

PALE ALE & INDIA PALE ALE

Die „bleichen" Biere sind eindeutig die Flaggschiffe der Craft-Bier-Bewegung. Historisch stammen sie von

Eine Legende und ein Pionier: Das Pale Ale *von Sierra Nevada ist ein absoluter Craft-Klassiker – es wird seit 1980 gebraut und ist heute das beliebteste der Vereinigten Staaten. Für den 2014 aus der Taufe gehobenen* Hop Hunter *wird frische Hopfendestillat verwendet. Das Ergebnis: ein ausgeprägtes Westcoast-IPA, eine erfrischende Hopfenbombe der Bierweltklasse.*

der britischen Insel. Dort unterschied man einst zwischen *Beer* und *Ale*. Ursprünglich wurden gehopfte Biere *Beer* genannt, während ungehopfte Biere auf den Namen *Ale* hörten. Als ab dem 15. Jahrhundert Hopfen vom Kontinent auf die britische Insel eingeführt wurde, verschliffen die Begriffe, trotzdem blieben die Professionen des Ale- und Beer-Brauers noch lange getrennt. Heute sind beide Begriffe im anglophonen Sprachgebrauch synonym – und *Pale Ale* und *India Pale Ale* alles, nur keine hopfenfreie Zone. Pale Ales werden im englischen Sprachraum oft auch als *Bitter* bezeichnet.

Das Attribut *pale*, das die hopfenbetonten englischstämmigen Biere auf all ihren Wegen begleitet, ist äußerst dehnbar. Pale, also hell, blass, bleich, sind im englischen Bier-Slang nämlich nicht nur hellblonde Ales, was freilich der Normalfall ist. Vielmehr können Pale Ales mitunter recht dunkel sein, bis in braune Gefilde, was durchaus keine Seltenheit ist. Etwas dunkler, nämlich bernsteinfarben, ist in der Regel das *Amber Ale*, das seine Tönung vom gleichnamigen Malz erhält.

Weitere Abstufungen, für die dunklere Malze verwendet werden, sind *Copper*, *Red* und *Brown Ale*. Je dunkler die Färbung, desto malzbetonter und damit süßlicher ist in der Regel der Geschmack – und desto weiter weg bewegen sich diese Varianten vom klassischen Pale Ale. Nicht verschwiegen sei auch, um die Verwirrung komplett zu machen, dass es beispielsweise auch BIPAs gibt, *Black India Pale Ales*, die nicht nur ordentlich Hopfen, sondern auch eine Überdosis dunkler Malze intus haben – sie tragen das Attribut *pale* nur noch im Namen.

Probieren geht über Studieren – bei den Brauereiführungen und Verkostungen von Ratsherrn in Hamburg können Interessierte, Einsteiger und Fortgeschrittene die Vielfalt der Craft-Bier-Braustile auf der eigenen Zunge erfahren.

Pale Ales zeichnen sich vor allem durch eins aus: ihre Hopfenfruchtigkeit, mit der eine ausgeprägte Bitterkeit einhergeht. Ein India Pale Ale ist die Steigerung eines einfachen Pale Ales, sowohl bezüglich des Alkoholgehalts als auch der Bitteraromatik.

Um die Entstehung des India Pale Ales hat sich in den letzten Jahrzehnten ein regelrechter Mythos verfestigt. Die Geschichte lautet wie folgt: Die Reeder der Britischen Ostindien-Kompanie wollten Anfang des 19. Jahrhunderts Bier nach Indien und in andere asiatische, ozeanische und pazifische Kolonien verschiffen. Allerdings scheiterten die Versuche – während der langen Seereise um das Kap der Guten Hoffnung in den sehr fernen Osten wurden die Biere regelmäßig ungenießbar. Deswegen kam der pfiffige Braumeister George Hodgson auf die Idee, ein besonders starkalkoholisches und hopfenbitteres Bier zu brauen, das für die monatelange Überfahrt gewappnet war. Es hatte zudem den Vorteil, dass es wenig der knappen Schiffsladefläche einnahm – in Indien konnte das Konzentrat ob seines starken Geschmacks und vielen Alkohols mit Wasser verdünnt werden.

Die Geschichte trug sich allerdings wohl etwas anders zu. Hodgson erfand keineswegs ein Bier für besonders lange Schiffsreisen ohne Kühlung. Vielmehr produzierte er im Herbst, wie andere auch, ein sogenanntes Oktoberbier, ein hopfenbetontes Starkbier. Ein Bier freilich, das auch nicht stärker war als viele Exemplare des seinerzeit beliebtesten und weitverbreitetsten Biers in England, des *Porters* – und auch hopfenstarke Biere soll es schon vor Hodgsons Coup in hoher Zahl gegeben haben. Nicht seine „Erfindung", sondern vor allem ein bisschen Glück spielte Hodgson in die Karten.

Die Ostindienfahrer legten nämlich in Blackwall an der Themse im Osten Londons ab, nicht weit entfernt von Hodgsons Bow Brewery – in der Nähe der Kirche St Mary-le-Bow –, die nicht zu den größten Brauereien Londons gehörte, aber einen eminenten Standortvorteil hatte: Sie lag am River Lea, wo viele Güter für die auslaufenden Schiffe geladen wurden. Hodgsons Oktoberbier machte sich auf die Reise und erwies sich als hochseetüchtig – 1822 wurde es in der *Calcutta Gazette* als das beste Bier gelobt, das es bis dahin dorthin geschafft habe. Sieben Jahre später kam dann der Begriff India Pale Ale in die Welt, als die australische Zeitschrift *Sydney Gazette and New South Wales Advertiser* meldete, in den Ge-

Here's Health!

The tang of the ocean air makes the Kentish hop flavour of Whitbread's Pale Ale exquisitely refreshing. A famous luxury world cruiser starts her voyage with ten thousand bottles in store. It is popular in all climates, and never changes in brilliance and tone.

WHITBREAD'S PALE ALE

Issued by Whitbread & Co., Ltd., Gray's Inn Road, London, W.C.1. I.P.1.

schäften von A.B. Spark gebe es allerlei alkoholische Köstlichkeiten, darunter auch *East India Pale Ale*.

Nicht nur in den britischen Kolonien, sondern bald auch in den heimischen Pubs war India Pale Ale äußerst populär, doch irgendwann begann ein schleichender Niedergang bis hin zur Bedeutungslosigkeit. Das bitteraromatische, hopfenbetonte Starkbier geriet mehr und mehr in Vergessenheit. In den Mikrobrauereien, die in den Vereinigten Staaten ab den 1980er Jahren ihre Tore aufmachten, wurde es wiederentdeckt und schließlich zur Galionsfigur der Craft-Bewegung.

Längst werden auch in Deutschland herrliche India Pale Ales gebraut: Das Progusta *von Braufactum bezieht seine Hopfenbittere von Magnum, seine Hopfenaromen von Hallertauer Mittelfrüh und Citra.*

Die geschmackliche Bandbreite der heutigen Craft-IPAs ist immens. Von frischen, sommerlichen Exemplaren über starkbittere Varianten bis hin zu Extrem-IPAs, Hopfenmonstern mit extremen Ausschlägen auf der nach oben offenen Bitterkeitsskala.

Die charakteristische Hopfenaromatik des India Pale Ales stammt typischerweise vom sogenannten Hopfenstopfen oder Kalthopfen, das sich im Craft-Bier-Segment im Allgemeinen und bei den IPAs im Besonderen großer Beliebtheit erfreut. Während beim Würzekochen, wenn es das zukünftige Bier schön warm, um nicht zu sagen heiß hat, üblicherweise Bitterhopfen zugegeben wird, der, wie es der Name schon sagt, vor allem für eine gewisse Bitterkeit zuständig ist, findet das Hopfenstopfen erst statt, wenn der Sud schon wieder abgekühlt ist. Der sich bildende Alkohol löst ätherische Öle und damit Aromen aus dem Hopfen, die IPAs, aber auch anderen Bieren das charakteristische Geschmacksbild verleihen.

Durch Zusätze wie *Double* heben sich besonders aromatische, bittere oder alkoholstarke IPAs vom Fußvolk ab. Auf der anderen Seite ist ein *Session IPA* eine Variante mit schwächerem Alkoholgehalt ab vier Prozent. Zudem werden IPAs nach Herkunft unterschieden. In Folge der Wiederentdeckung der Brauart in den Vereinigten Staaten hat sich die Bezeichnung *American (India) Pale Ale* gebildet, oft liest man auch den Namen *Westcoast IPA*, der besonders frische, hopfige und dabei sommerliche Vertreter aus Kalifornien bezeichnet.

Ein Schwarzbier und seine Zutaten. Röstmalze verleihen Porter und Stout nicht nur Farbe, sondern prägen auch das Aromenprofil, das an Kaffee, Schokolade und Kakao erinnert.

PORTER & STOUT

„Es ist nicht gerade Hofbräu, Herr Permaneder, aber immerhin genießbarer, als unser einheimisches Gebräu." Und der Konsul schenkte ihm von dem braun schäumenden Porter ein, den er selbst um diese Zeit zu trinken pflegte, heißt es in Thomas Manns *Buddenbrooks* (6. Teil, 4. Kapitel). Mindestens dunkelbraun, wenn nicht schwarz geben sich sowohl Porter als auch Stout. Die beiden Varianten des englischen Schwarzbiers verhalten sich zueinander wie Pale Ale und India Pale Ale, denn Stout heißt eigentlich Stout Porter – Starkes Porter. Während dort jedoch der Hopfen die erste Geige spielt, sind Porter und Stout malzbetonte Biere.

Porter soll Anfang des 18. Jahrhunderts aus dem Verschnitt mehrerer dunkler Biere entstanden sein. Angeblich schuf ein Brauer namens Harwood ein dunkles Bier, das *Entire* hieß und sich insbesondere bei den Porters, den Lastenträgern, schnell größter Beliebtheit erfreute. Und daneben hatte es noch einen weiteren, kaum zu überschätzenden Vorteil: Es erwies sich als deutlich länger haltbar als die bis dahin auf der Insel üblichen Biere, die stets frisch gebraut getrunken werden mussten.

Für den **Chocolate Porter** von Meantime aus der englischen Hauptstadt wird sogenanntes Schokoladenmalz verwendet.

Zwei „Porter" tragen auf der Radierung von William Henry Pyne aus dem Jahr 1805 – was sonst? – ein Bierfass.

Porter und Stout basieren auf Röstmalzen und beziehen ihre typische Aromatik aus der dunkel gedarrten Gerste. Die malzige Süße wird einerseits von herben, bitteren, andererseits von leicht säuerlichen Aromen aufgefangen. Vor allem Kaffee und Schokolade, aber auch Vanille und Karamell, Kakao und Nuss, Rauch und Leder gehören zu den Varianten des Aromenspiels, das man unter dem cremigen Schaumteppich entdecken kann.

„Wenn alles nur schiefgeht, egal, was man macht, und gar nichts zu klappen mehr scheint, wenn's Leben so schwarz wie die Stunde der Nacht, ist ein Porter dein einziger Freund!", singt Flann O'Brien in **Auf Schwimmen-Zwei-Vögel** *das Loblied auf das rustikale Schwarzbier. Fuller's* **London Porter** *ist der absolute Klassiker seines Fachs – malzig-süß, kaffeearomatisch und dezent bitter.*

Das Old Rasputin Russian Imperial Stout *von North Coast Brewing Co. ist ein großer Vertreter seine Zunft. Das sibirische Hopfen-und-Malz-Monster gehört zu den trockensten, würzigsten, aromatischsten Espressos, die zwischen Zungenspitze und Gaumengrund passen.*

Das *Stout* gelangte der Sage nach als „Osterweiterung" des britischen Porter-Imperiums auf die Welt. Ende des 18. Jahrhunderts sollen englische Brauer Imperial Stout, extrastarkes Stout, als Geschenk für Zarin Katharina die Große gesudet haben. Nicht nur der Herrscherin über das russische Riesenreich mundete das schwarze Starkbier, sondern auch ihren Untertanen. Bis heute hat sich ein russischer Touch erhalten, und man trifft nicht selten auf ein *Baltic Porter* oder *Russian Imperial Stout.*

Barley Wine

Ob alteingesessene englische Brauereien, amerikanische Craft-Pioniere oder die jungen Wilden der Bewegung – wer etwas auf seine Braukunst hält, hat einen Barley Wine, einen „Gerstenwein", im Angebot. Wie der Name schon sagt, haben diese Biere, die sich kaum in das englische Schema von (India) Pale Ale einerseits und Porter & Stout andererseits einordnen lassen, einen weinartigen Charakter. Napoleon Bonaparte dürfte einiges mit ihrer Entstehung zu tun haben. Er verhängte 1806 die sogenannte Kontinentalsperre über die britischen Inseln, um den Erzfeind wirtschaftlich auszubluten. In der Folge schaffte es kaum noch französischer Wein über den Kanal, und da dem englischen Adel danach dürstete, war guter Rat teuer. Findige Brauer schufen Abhilfe, indem sie ein Starkbier kreierten, das nicht nur hinsichtlich seines Alkoholgehalts, sondern auch aromatisch an Wein erinnerte. Genauer gesagt sind es Dessert- und Likörweine aller Couleur, die hier Pate standen. Ihre ausgeprägte Süße, die von herben bis bitteren Aromen gekontert werden, findet sich in den meisten Barley Wines wieder.

KONTINENTALE BIERTRADITIONEN UND TRADITIONSBIERE

Soweit die beiden Hauptdarsteller der Craft-Bier-Bewegung. Beide stammen aus englischem Hause und wurden von US-amerikanischen Mikrobrauereien wiederentdeckt oder neu erfunden – und bald in die Alte Welt reimportiert. Daneben gibt es allerdings unzählige andere Bierstile, die natürlich ebenfalls handwerklich und hochwertig gebraut werden können. Die belgischen, deutschen und böhmisch-mährischen Biertraditionen und Traditionsbiere sind hier vor allem zu nennen.

Kirschsaft frisch vom Baum? Wohl kaum, denn bis ein Kriek – wie das Oude Kriek Vielle *von Oud Beersel – im Glas landet, ziehen mehrere Jahre ins Land.*

Belgien: Trappisten und Hefegötter

Spricht man von belgischem Bier, dann kann man über Trappisten nicht schweigen. Allerdings bezeichnet die Bezeichnung *Bière Trappiste* keineswegs einen einheitlichen Bierstil, sondern bezieht sich auf die Herkunft aus Trappistenklöstern, in denen die Mönche selbst brauen. Die *Internationale Trappistenvereinigung* hat ihr Logo („Authentic Trappist Product“) zurzeit an elf Klosterbrauereien vergeben: Achel, Chimay, Orval, Rochefort, Westmalle und Westvleteren in Belgien, La Trappe und Zundert in den Niederlanden, Stift Engelszell in Österreich, Tre Fontane in Italien und Spencer in den Vereinigten Staaten.

BERSALIS

Das Bersalis Tripel *von Oud Beersel beschwipst mit goldgelben 9,5 % vol. und besticht mit Aromen von Zitronen und Kräutern sowie malzigen Honignoten.*

Zwar ist Belgien vor allem für seine Starkbiere bekannt, hat jedoch auch leichte Hopfen-und-Malz-Kompositionen hervorgebracht. Das sogenannte *Saison*, im anglo-amerikanischen Raum auch *Farmhouse Ale* genannt, wurde ursprünglich für die „Saisonniers", die Saisonarbeiter, auf großen Höfen gebraut – mit einem vergleichsweise geringem Alkoholgehalt, denn schließlich sollten die Saisonkräfte ja auch noch frisch ans Werk gehen.

Ebenfalls leicht sind in der Regel die *Witbiere*, die belgischen Weizenbiere, die sehr hell, um nicht zu sagen *wit* glänzen, feinsäuerlich schmecken und echte Durstlöscher sind. Der wohl bekannteste Vertreter ist *Hoegaarden Wit · Blanche*, das – wie üblich – mit Orangenschalen und Koriandersamen gewürzt ist.

Weltbekannt, aber erfahrungsgemäß nicht für jeden Gaumen geeignet sind die belgischen Sauer- und Fruchtbiere. Grundform ist das *Lambic* oder Lambi(e)k. Wie in der grauen Vorzeit des Bierbrauens, als man um den Beitrag der Hefe noch nicht wusste, wird eben jene nicht zugegeben, sondern es kommt zur „Spontangärung" durch Wildhefen. *Gueuze* oder Geuze werden Biere genannt, die aus mehreren Lambics verschnitten und anschließend in der Flasche nochmals vergoren werden. Während in der industriellen Herstellung mitunter zu technischen Tricks gegriffen wird, besteht die Arbeit traditionsbewusster Meister ausschließlich im kunstvollen Verblenden von Lambics – nur diesen hochwerti-

Überschäumende Freude: Im Keller der Geuzestekerij Oud Beersel in Flämisch-Brabant zeigt die Spontangärung Wirkung. Brettanomyces bruxellensis *und* Brettanomyces lambicus *bringen das Fass zum Überlaufen.*

gen Bieren steht es zu, sich *Oude Gueuze* zu nennen. Achtung beim Öffnen dieser sauren Bierspezialitäten – wie Sekt oder Champagner können sie es nicht erwarten, an die frische Luft zu kommen! Versetzt man ein Lambic mit Früchten, dann spricht man folgerichtig von einem Fruchtlambic – am bekanntesten ist das *Kriek*, für das herbe Kirschen verwendet werden und das mit einem subtilen Mandelaroma aufwartet. Freilich erfreuen sich auch andere Varianten, wie *Framboise* (Himbeere) oder *Faro* (Kandiszucker und Gewürze), bei Kennern großer Beliebtheit. An Lambic, Gueuze und Co. scheiden sich die Geister – während mancher Gourmet sie für die Krönung des Biergenusses hält, nehmen andere schon Reißaus, wenn sie nur den Namen hören.

Äußerster Beliebtheit rund um den Hopfen-und-Malz-Globus erfreuen sich die belgischen Starkbiere. Die enorme Artenvielfalt unter den Bieren jenseits der 6 % vol. in Flandern und der Wallonie verdankt sich nicht zuletzt dem *Vandervelde-Gesetz* von 1919, das bis 1983 rechtsgültig war. Es untersagte den Verkauf von Spirituosen in Gaststätten, was prompt zu einem beispiellosen Höhenflug starker Biere führte. An Begrifflichkeiten mangelt es in diesem weitverzweigten Segment nicht. Ein belgisches *Blondes* (oder Golden Strong Ale) ist ein helles Starkbier, das auf den ersten Schluck unglaublich erfrischend wirkt, spätestens ab dem dritten schlagen dann jedoch die oft metallischen Hefearomen und der wuchtige Alkohol durch. Der Prototyp dieser Gattung, der *Duvel* aus dem Hause Mortgaat, hat nicht nur brautechnisch Geschichte geschrieben, sondern auch die Namensgebung wohl doch nicht so harmloser Erfrischungsgetränke nachhaltig beeinflusst. Seine Nachfahren verschiedener Linien hören auf so schöne Namen wie *Satan* (De Block), *Damnation* (Russian River) oder *De Verboden*

Vrucht (De Kluis), nicht zu vergessen das verblichene *Lucifer* (Riva). Bibel- und Trinkfestigkeit sind nicht nur in klösterlicher Abgeschiedenheit zwei Seiten ein und derselben Medaille …

Jede US-amerikanische Hopfenschmiede, die etwas auf sich hält, hat typisch belgische Biere im Angebot. Das Belgian Style Golden Ale Nice *von Flying Dog ist hübsch und nett, sein dunkles Gegenstück* Naughty *ein unvorzeigbarer, ungezogener Straßenköter mit explodiertem Pelz.*

Apropos Kloster: Drei Bezeichnungssysteme kennen die Trappisten. Erstens die Kennzeichnung mit einer Zahl, die auf den enthaltenen Alkohol hinweist – von Achel 5 über Rochefort 8 bis Westvleteren 12. Zweitens die Unterscheidung durch Farben, vor allem in Chimay – von Rouge über Blanche bis Bleue. Und drittens die Einteilung durch Multiplikatoren – von Dubbel über Tripel bis hin zum Quadrupel.

Als *Dubbel* bezeichnet man in der Regel malzbetonte Biere um 6 bis 8 % vol.; der bekannteste Vertreter dürfte aus dem Kloster Westmalle stammen – ein dunkles, malziges, angenehm aromatisches Bier, das zunehmend an Schwere gewinnt. Westmalle war auch bei der Entstehung des *Tripels*, der himmlischen Entsprechung des teuflischen Blondes, stilbildend. Freilich spielt hier nicht Malz die erste Geige, sondern Hefe und Hopfen. Ein hochkomplexes Geschmackspanorama, das von herb-bitteren Aromen bis zu erdigen, metallischen und zupackend alkoholischen Tönen reicht, kennzeichnet die hellen Starkbiere.

Deutschland: Hopfen und Malz, Gott erhalt's!

Fast alle deutschen Biersorten sind bis in die heutige Zeit regional geprägt. Zwischen Nord- und Ostseeküste und Alpenrand ist eine Vielzahl verschiedener Sorten heimisch. Berlin ist berühmt für die *Berliner Weiße* (und berüchtigt für den Schuss Waldmeister oder Himbeer). Sie ist wegen der Verwendung von Weizenmalz mit dem bayerischen Weizenbier verwandt, geschmacklich jedoch enger mit belgischem Wit- und Sauerbier. Es ist schwachalkoholisch und eine herrliche Erfrischung, wenn im Sommer die Badesaisonsonne im Zenit steht. Ihr sächsischer Schwippschwager, die vor allem in Leipzig beheimatete *Gose*, die allerdings 1332 und einen Steinwurf vom niedersächsischen Goslar entfernt erstmals urkundliche Erwähnung fand, ist ebenfalls ein Sauerbier, das wie sein Namensvetter, das belgische Gueuze, aus der Ära der Spontangärung stammt. Sowohl die Berliner Weiße als auch die Leipziger Gose gehörten zwischenzeitlich zu den bedrohten Bierarten, wurden aber in den letzten Jahren von Craft-Brauern wiederentdeckt und -belebt.

Gleich nebenan, in Thüringen, liegt das Epizentrum des *Schwarzbiers*, dessen röstmalzgeborene Farbe noch das rheinische Alt und bayerische Dunkel in den Schatten stellt und mit dem englischen Porter per du ist. Das *Export* ist zwar auch in Wien und München beheimatet, überwiegend wird man es allerdings mit Dortmund verbinden. Angloamerikanische Biertrinker würden es als *Lager* titulieren, wie alle untergärigen Vollbiere, also beispielsweise auch das *Pils*, von dem es sich allerdings durch den weniger stark vorwitzigen Hopfen und einen süßlicheren, malzigeren Grundton unterscheidet. Export heißt das Export, weil es einst für den Export bestimmt war, also über die Stadt- und Landesgrenzen geschafft werden sollte, wofür es stärker eingebraut wurde – das India Pale Ale des kleinen Manns aus dem Ruhrpott.

Im rheinischen Westen hat sich – neben den nordostdeutschen Sauerbieren und dem bayerischen Weizen – eine dritte Enklave der Obergärigkeit bewahrt. In Köln wird das spritzig-schlanke *Kölsch* gebraut, der klare Nachfahre des einst trüben Wieß. Obwohl traditionell, nämlich obergärig gebraut, gehört das Kölsch zu den jüngsten Sprossen der Bierfamilie, denn erst 1918 bewarb die Brauerei Sünner ein Bier als Kölsch, das freilich seinerzeit schon seit zwölf Jahren auf dem Markt war. Nur wenige Kilometer rheinabwärts braut und trinkt man das zumeist deutlich dunklere *Alt*, das so heißt, weil es nach „alter", obergäriger Brauart zu-

Immer der Nase nach – Brauchef Marc Goebel von Maisel & Friends begutachtet ein Jungbier zunächst olfaktorisch. Mit Aromahopfen gestopfte Biere überzeugen nicht nur geschmacklich, sondern verblüffen auch mit ungewohnten Düften.

bereitet wird. In ihm verbinden sich Malzsüße und Hopfenbittere zu entspannter Trinkbarkeit. Das verbindet die rheinischen Kölsch- und Alttrinker: Sie bevorzugen mildaromatische Trinkbiere, die man zur Not (etwa im Karneval) auch schon vormittags kippen kann, und sind allem bierbrauerischem Extremismus abhold.

Der deutsche Brauhimmel befindet sich allerdings eindeutig über Franken und Bayern, wo Tradition, Leidenschaft und Experimentierfreude zahlreiche große Hopfen- und Malzgewächse haben erblühen lassen. *Weizenbier* (oder Weißbier) ist in verschiedenen Varianten gebräuchlich: als frühlingshaftes und herbstliches, fruchtig-würziges helles Hefeweizen, als sommerliches, spritzig-frisches Kristallweizen und als winterliches, karamell-malziges dunkles Hefeweizen.

Völlig unprätentiös *Vollbier* nennen viele süddeutsche Traditionsbrauereien der Einfachheit halber ihr Standardbier. Damit ist nicht mehr gesagt, als dass die Stammwürze zwischen 11 und 16 Prozent beträgt – Vollbiere sind also stärker als Schankbiere und schwächer als Starkbiere. In dieses Spektrum gehören beispielsweise das *Helle*, Bayerns vergleichsweise mild gehopfte Antwort auf das Pils, die auch, der bierbabylonischen Begriffsverwirrung sei Dank, *Landbier*, *Spezial* oder *Export* genannt wird. Dunkler ist das bernstein- bis kupferfarbene *Märzen*, das so heißt, weil es traditionell im März angesetzt wurde. Trotz seiner malzigen Grundstimmung bleibt es ein erfrischendes Bier. Eine Variante ist das *Rauchmärzen*, das durch über offenem Feuer getrocknetem Malz sein rauchiges Aroma erhält. Dunkler, bis ins Schwarze hinein, gibt sich das malzige *Dunkel*, das sich im Antrunk süßlich gibt, dann aber mit milden Röst- und Bitteraromen dagegenhält.

Starkbiere hören – in Bayern, aber auch in nördlicheren Gefilden – auf den Namen *Bock*, wenn sie um die 7 % vol. liegen, auf den Namen *Doppelbock*, wenn sie bis zu stolze 12 % vol. erreichen. Während die Bockbiere Norddeutschlands, wo sie ursprünglich wohl herstammen, hell sind, ist der typische bayerische Bock dunkel. Die Endstufe bildet der *Eisbock*, dem durch Gefrieren Wasser entzogen wird und der geschmacklich in Richtung Süßwein und Likör tendiert – der entfernte süddeutsche Verwandte des englischen Barley Wines.

Keller- und *Zwickelbier* sind der oberfränkische Gegenentwurf zu allen Lager- oder Exportbieren dieser Welt – und zudem viel älter als diese. Kellerbiere werden seit jeher direkt „aus dem Bierkeller“ in Krüge gefüllt und im Biergarten aufgetischt. Auch der Name Zwickelbier ist ein Hinweis auf den umgehenden Genuss: Mithilfe des Zwickelhahns entnimmt der Braumeister am Garbehälter das Jungbier. In der Oberpfalz ist auch von *Zoigl* die Rede, das in „Kommunbrauhäusern“ nicht von professionellen Braumeistern, sondern von sachkundigen Bürgern angesetzt wird – zum Wohle der Gemeinde. Keller-, Zwickel- und Zoigl-Biere haben ein brautechnisch breites Spektrum, sie sind zumeist trüb, von geringer Haltbarkeit und von geringem Kohlensäuregehalt und haben einen malzigen, süßlichen Grundton. Sie waren schon immer Craft-Biere aus Mikrobrauereien, und es gibt sie vor allem dort, wo sie gebraut werden.

Mehr „Craft“ geht nicht: In Hellingen, im fränkisch eingefärbten Süden Thüringens, trägt ein brauberechtigter und fachkundiger Bürger sein Bier nach Hause, um es dort im Fass gären zu lassen. Dörfliche Braugemeinschaften waren früher in vielen Gegenden Deutschlands gang und gäbe, heute sind sie weitgehend ausgestorben. Craft-Bewegung und Kommunbrauhäuser haben viel gemein – hier wie dort sind es oftmals leidenschaftliche Autodidakten, die beim Brauen vor allem auf den eigenen Gaumen vertrauen.

Urknall und Urquell: Seit 1842 wird das Original Pilsener *in Böhmen gebraut – angeblich noch heute mit dem Hefestamm von damals.*

Tschechien – der Groll gegen das schlechte Bier

1838 kam es im böhmischen Pilsen zur Rebellion gegen das schlechte Bier. Die Bürger hatten das örtliche, offenbar ungenießbare Bier satt und gossen es fassweise auf dem Rathausplatz aus, um ihrem Protest Ausdruck zu verleihen. Bürgermeister Martin Kopecký reagierte prompt. Nur ein Jahr später wurde der Grundstein für das neue *Bürgerliche Brauhaus* gelegt. Als Braumeister engagierte man 1842 ausgerechnet einen Bayern, den Vilshofener Josef Groll. Bis dahin hatte man in Pilsen üblicherweise dunkles, trübes Obergäriges gebraut, aber mit Groll fand nach der Bürgerrevolte eine Bierrevolution statt. Mit hellem Malz und Saazer Hopfen braute er hochwertiges, schmackhaftes und zudem haltbares Bier – nicht zuletzt dank modernster Technik, die dem kreativen Brauer zur Verfügung gestellt wurde. Nur drei Jahre verbrachte Groll in Pilsen, und bald darauf verlieren sich seine Spuren – seine Erfindung, das *Pilsener Urquell*, der Prototyp aller Biere *Pilsener* Brauart, hat bis heute überlebt.

Světlé pivo ist im tschechischen Sprachgebrauch ein helles Bier, als *řezané pivo* werden alle möglichen Promenadenmischungen bezeichnet, die nicht mehr guten Gewissens als blond durchgehen, andererseits aber auch nicht wirklich ausgesprochen dunkel sind. *Tmavé pivo* heißen die dunklen, *černé pivo* die Schwarzbiere.

In Böhmen und Mähren wird nicht der Alkoholgehalt, sondern die Stammwürze – in Grad Plato – auf dem Etikett angegeben. Biere mit dem Zusatz *desítka* weisen bis rund 10 Grad Plato auf, *dvanáctka* um 12 ° P und *čtrnáctka* mindestens 14 ° P – eine ähnliche Unterscheidung also wie die zwischen Schank-, Voll- und Starkbier. Die böhmisch-mährische Braukunst zaubert ausgeprägt aromatische Sude gerade im leichtalkoholischen Bereich in Fass und Flasche, zu denen man auch Dienstbier sagen darf, weil man sie bedenkenlos auch schon trinken kann, bevor der Hammer fällt.

Der Ursprung der Königlichen Brauerei Krušovice im Saazer Hopfenanbaugebiet verliert sich im Dunkel der Geschichte – fest steht nur, dass sie irgendwann zwischen 1517 und 1581 gegründet wurde. Zwei preisgekrönte Paradepferde kommen aus dem mittelböhmischen Traditionsgestüt: das Černé, *ein leichtes, frisches Schwarzbier, sowie das* Imperial, *ein feinherbes Helles nach böhmischer, will sagen Pilsener Brauart.*

Stammwürze und Alkohol

Während der Alkoholgehalt angibt, was nach dem Brauprozess rauskommt, nämlich der prozentuale Anteil des Alkohols am Gesamtvolumen, gibt die Stammwürze den prozentualen Gewichtsanteil von Hopfen und Malz an, der im Brauwasser vor der Gärung vorliegt. Möchte man die Stammwürze in Alkohol umrechnen, kann man die Große Ballingsche Formel bemühen, die allerdings, wie der Name schon sagt, groß ist und damit für den Hausgebrauch untauglich. Viel einfacher ist die Pi-mal-Daumen-Formel, dass von der Stammwürze am Ende rund 40 Prozent als Alkohol vorliegen. Man liegt dann zwar selten exakt richtig, aber eben auch nie richtig grob daneben. Die Einheit der Stammwürze – Grad Plato oder ° P – hat übrigens rein gar nichts mit griechischer Philosophie zu tun, sondern wurde nach dem deutschen Chemiker Fritz Plato benannt.

HOPFEN, MALZ UND HEFE

HOPFEN – MEHR ALS NUR BITTER

Hopfen und Malz, Gott erhalt's – das war nicht immer so. Erst gegen Ende des Mittelalters setzte sich der Hopfen als unentbehrliche Bierzutat durch. Bis dahin wurden Biere mit Kräutermischungen auf Vordermann gebracht, die Grut (oder Gruit) genannt wurden. Sie konnten durchaus wilden Hopfen enthalten, die beiden häufigsten Zutaten waren aber Porst, ein Heidekraut, und Gagel, ein Strauch mit bitteraromatischen Blättern.

Zu den segensreichen Wirkungen des Hopfens gehört, dass Bier durch ihn länger haltbar wird. Seine Hauptaufgabe besteht freilich in der Formung des Geschmacks. Zwei Eigenschaften zeichnen ihn diesbezüglich aus:

Erstens machen die enthaltenen Alphasäuren den Sud bitter. Bitterhopfen – wie Magnum, Columbus oder Target – werden dafür lange in der Würze gekocht, um die in den harzigen Bestandteilen der Dolden vorliegenden Alphasäuren zu lösen.

Zweitens verleihen die ätherischen Öle der Hopfendolden dem Bier komplexe Geschmacksprofile. Dafür werden Aromahopfen erst am Ende des Würzekochens oder noch später, wenn der Sud schon wieder abgekühlt ist, zugegeben – zu viel Hitze würde den empfindlichen, leicht flüchtigen Aromaölen den Garaus machen.

Industrielle Großbrauereien, die vorwiegend Lagerbiere – also Pils und Co. – brauen, setzen vor allem Bitter-

Hopfenpellets (u.) haben die Dolden (o.) nicht nur in der industriellen Bierproduktion weitgehend abgelöst, nicht zuletzt wegen der leichteren Dosierung. Einige Craft-Brauer zieht es allerdings wieder zurück zu den natürlichen Ähren des Echten Hopfens.

hopfen ein, um eine gewisse Grundbittere zu erzeugen. An Aromahopfen und ihrem geschmacklichen Spektrum sind sie dagegen kaum interessiert. Ganz anders als Craft-Brauer, die vor allem obergärige Ales ansetzen. Auch sie benötigen die Hopfenbittere, die ja nicht selten auch viel extremer ist als in herkömmlichen Bieren. Zusätzlich, nicht zuletzt um der starken Bitterkeit etwas entgegenzusetzen, geben sie mitunter sehr viel Aromahopfen zu, um fruchtige Noten zu erzeugen. Genau hier setzt das Dry Hopping, Kalthopfen oder Hopfenstopfen an, das vor allem bei (India) Pale Ales exzessiv zum Einsatz kommt. Aromahopfen spielten vor Entstehung der Craft-Bewegung eine untergeordnete Rolle. In den letzten Jahren und Jahrzehnten nahm ihre Bedeutung jedoch ständig zu, und inzwischen ist eine regelrechter Hype um die fruchtigen Hopfendolden entstanden. Durch Züchtung und Kreuzung sind unzählige neue Sorten entstanden, und angesagte Trendhopfen wie Nelson Sauvin oder Sorachi Ace sind beängstigend teuer – und trotzdem notorisch ausverkauft. Nachstehend 15 Hopfen, die im Craft-Bereich Hauptrollen für sich beanspruchen, im Kurzporträt.

Amarillo

Sowohl in Sachen Aroma als auch Bittere ein vielseitiger Hopfen aus dem Nordosten der USA, wo er exklusiv von Virgil Gamache Farms angebaut wird. Sein fruchtig-blumiges Geschmacksbild wartet mit Zitrone, Grapefruit, Orange, Melone, Pfirsich und Aprikose auf und ist moderat würzig.

Cascade

Verbreiteter amerikanischer Aromahopfen, der längst aber auch in Europa und Ozeanien angebaut wird und eine Kreuzung von Fuggle und dem russischen Serebrianka ist. Eignet sich wegen geringer Bitterwerte und starker Fruchtnoten hervorragend zum Kalthopfen. Je nach Anbaugebiet und Ernte reicht sein Aroma von Zitrone und Grapefruit über Litschi, Ananas, Orange, Pfirsich bis hin Erdbeere, Brombeere und Johannisbeere.

Centennial

Amerikanischer Aromahopfen, der von Brewers Gold abstammt. Er ist geschmacklich verwandt mit Cascade, allerdings weniger zitruslastig. Kräuter, blumige, harzige und holzige Noten, Cassis, Anis und Vanille kennzeichnen ihn.

Chinook

Ein Allrounder, zugleich Bitter- und Aromahopfen, der sich für so ungefähr jede Brauart anbietet. Er stammt vom englischen East Kent Goldings ab und ist seit 1985 auf dem Markt. Bestimmt von Grapefruitaromen, die eine Tendenz zu roten Beeren aufweisen, bringt er würzig-bittere Noten mit sich, die man als Kiefer, Pinie oder Zeder, Lavendel, Rosmarin oder Wacholder beschreiben kann.

Citra

Kaum ein anderer Hopfen ist so leicht schon am intensiv zitronigen Geruch zu erkennen. Er wird seit 2007 angebaut und avancierte schnell zu einem der beliebtesten Aromahopfen. Eine amerikanische Züchtung aus den deutschen Sorten Hallertauer und Tettnanger, kann er geschmacklich aber mehr als nur Zitrone. Eine starke Dosis tropischer Früchte, vor allem Mango, aber auch Litschi und Stachelbeere sowie florale Noten eignen ihn perfekt zum Kalthopfen.

Columbus

Wie Tomahawk und Zeus stammt Columbus von Nugget ab. Alle drei sind Hochalphasorten, sorgen für Bitteraromatik und sind nur durch Nuancen unterscheidbar. Sie werden oft zusammen verwendet und gelegentlich als „CTZ" bezeichnet. Sie haben würzige, pfeffrige und Kräuteraromen – von Fenchel und Anis über Zwiebel, Brennnessel, Zitronengras bis Currry, Vanille und Sahnekaramell reicht ihr aromatisches Spektrum.

Galaxy

Ein australischer Hopfen, der in Victoria und Tasmanien angebaut wird. Sowohl als Bitter- als auch als Aromahopfen geeignet, bringt er Heidelbeeren, Brombeeren und Cassis einerseits, Anis, Pfirsich und Maracuja andererseits mit.

Hüll Melon

Ein deutscher Aromahopfen, der aus Cascade hervorgegangen ist. Er stammt aus dem Hopfenforschungszentrum Hüll und ist geprägt von Honigmelonenaromen. Aber auch Erdbeer, Pfirsich, Anis, Orange und Vanille bringt er ein – und ist insbesondere für fruchtige Weizen- und freundliche Sommerbiere bestens geeignet.

Magnum

Der Hallertauer Magnum wurde in Deutschlands Hopfenanbaugebiet Nummer eins aus Galena gezüchtet – und erhielt den Namen Magnum wegen seines außerordentlich großen Dolden. Vor allem zur Bitterung eingesetzt, hat er auch aromatisch einiges zu bieten, nämlich fruchtigen Apfel, pfeffrige Minze und frische Paprika.

Bewährt seit der Antike: Bei Birra del Borgo in Borgorose im Latium, nicht weit von der ewigen Stadt Rom entfernt, werden Sude nicht nur in großen Holzfässern, sondern auch in überlebensgroßen Amphoren zwischengelagert.

Mandarina Bavaria

Eine Neuzüchtung aus dem größten deutschen Anbaugebiet, der Hallertau, ebenfalls am Hopfenforschungszentrum Hüll bei Pfaffenhofen entwickelt. Der Aromahopfen hat einen markanten Mandarinengeschmack, begleitet von Orangen- und Grapefruitnuancen. Er eignet sich insbesondere für Weißbier und (India) Pale Ales.

Mosaic

Von Simcoe und Nugget abstammend, gehört Mosaic zu den beliebtesten Aromahopfen. Er bringt tropische und Zitrusfrüchte ins Bier, aber auch Birne, Mandarine, Stachelbeere, Pfirsich, Blaubeeren und sowie würzige Kiefernnadeln gehören zu seinem Spektrum.

Es grünt so grün, wenn Hallertauer Dolden blühen – Marc Rauschmann von Braufactum schaut genau hin, wie sich Humulus lupulus, der Echte Hopfen, dieses Jahr so macht.

Nelson Sauvin

Der Weißwein unter den Hopfen – Nelson Sauvin wurde in Neuseeland gezüchtet und nach der Sauvignon-Blanc-Traube benannt. Sein einzigartiges Traubenaroma hat ihn zu einem der beliebtesten Hopfen für (India) Pale Ales werden lassen. Das Problem: Er ist so knapp und so begehrt, dass der Markt notorisch leergefegt ist.

Northern Brewer

Englischer Mehrzweck-, vor allem aber Bitterhopfen, der von Canterbury Golding und Brewers Gold abstammt und 1934 entwickelt wurde. Er bringt grasige, holzige, erdige, harzige, würzige Aromen ein, die von Limette über Minze bis Kiefer reichen.

Simcoe

Beliebter Aromahopfen vor allem für (India) Pale Ales, der allerdings auf halbem Weg zu Bitterhopfen ist und um 2000 marktreif wurde. Sein aromatisches Spektrum reicht von Ananas über Maracuja, Aprikose, Waldbeeren, Cassis und Zwetschge bis Kiefernharz.

Sorachi Ace

Der japanischer Aromahopfen, benannt nach der Unterpräfektur der Präfektur Hokkaidō, ist eine Kreuzung aus dem englischen Brewers Gold, dem tschechischen Saazer und dem japanischen Beikei No. 2. Ein recht würziger Aromahopfen mit Noten von Litschi, Zitronengras und Ingwer.

MALZ – KÖRPER UND SEELE

Mälzen heißt, grob vereinfacht, Getreidesamen erst nass zu machen, um sie dann wieder zu trocknen. Vor allem Gerste (aber auch Weizen, Roggen etc.) werden durch das Wässern zum Keimen gebracht. Dabei wird Stärke in Malzzucker umgewandelt, der später von der Hefe in Alkohol umgesetzt wird. Durch das Darren (Trocknen) bei unterschiedlichen Temperaturen entstehen sehr helle bis sehr dunkle Malze. Sehr hell sind Pilsener und Pale-Ale-Malz, dunkler Wiener und Münchner Malz, sehr dunkel Karamell-, Röst- und Rauchmalz. Von 80 °C bis hin zu 600 °C reicht das Temperaturspektrum, wobei sehr heiß getrocknete Röstmalze nur in Trommeldarren, die ständig in Bewegung bleiben und befeuchtet werden, hergestellt werden können, sonst würde das Getreide Feuer fangen.

Malze sind für die geschmackliche Grundierung des Biers zuständig. Sie verleihen ihm Körper und Seele – und sind maßgeblich für die Farbgebung verantwortlich, vom blonden Pils bis zum schwarzen Stout. Von Biskuit über Toffee, Nuss, Karamell, Kakao, Kaffee, Bitterschokolade bis hin zu Rauch und Räucheraromen reichen die Malzmöglichkeiten, die im Craft-Bereich voll ausgeschöpft werden, während ansonsten nur einige Standardmalze Verwendung finden. Spezialmalze wie Rauch- oder Sauermalze kommen gar fast ausschließlich bei Craft-Brauern in die Kessel. Die Vielfalt hat dadurch zugenommen, und nicht zuletzt deshalb ist das geschmackliche Spektrum im Craft-Segment größer als im Mainstream.

Ob blass, sonnengebräunt oder kohlrabenschwarz – Malz ist stets mindestens für die Grundierung des Biergemäldes zuständig, auf das mit spitzem Pinsel bittere und fruchtige Hopfenkonturen aufgetragen werden und das schließlich durch die Hefepatina vollendet wird.

HEFE – DER HEILIGE GEIST DES BIERS

Nicht fotogen, aber daran führt kein Weg vorbei: In einem Bottich der hanseatischen Kreativbrauerei Kehrwieder gärt es gewaltig.

Bierhefen, denen im Gärtank (und auch bei der Flaschengärung) der Sauerstoff entzogen wird, stürzen sich auf den Malzzucker und transformieren ihn in Alkohol und Kohlensäure. Im Reinheitsgebot von 1516 wird Hefe nicht erwähnt, nicht weil sie gänzlich unbekannt gewesen wäre, sondern weil ihr Beitrag zu den Gärungsprozessen noch im Dunklen lag. Am ältesten ist die Spontangärung, bei der keine Brauhefe zugegeben wird, sondern sich Hefen aus der Luft ans Werk machen. Die so entstehenden Biere schmecken säuerlich und haben fast ausschließlich in Belgien überlebt – bis bei Craft-Brauern weltweit das Interesse neu erwachte.

Brauhefen sind entweder ober- oder untergärig – das heißt sie schwimmen obenauf oder sinken hinab. Traditionell waren obergärige Biere die Regel, weil untergärige Hefen nur bei etwa 5 bis 10 °C funktionieren. Sie konnten ehedem nur im Winter eingesetzt werden und traten erst mit der Erfindung der Kältemaschine ihren Siegeszug an. Im Craft-Bereich dominieren wieder die obergärigen Biere, die glänzend mit Aromahopfen harmonieren. Neben dieser Umkehrung ist vor allem eine Diversifizierung der Hefestämme zu beobachten. Da die Auswirkungen der Hefe auf den Geschmack erheblich sind, verwendet so mancher Brauer heute nicht mehr ein und dieselbe Hefe für alle Biere, sondern entwickelt oder verwendet für jedes einzelne Bier eine ganz bestimmte Variante oder Filiation eines ganz bestimmten Hefestamms.

GESCHENKE
LAGER & BOCKBIERE
WEIZENBIERE
Belgische Spe
LAGER & PILSENER
RATSHERRN

Craft-Bier-Porträts

ALE-MANIA

GOSE MANIA
BONN, RHEINLAND, DEUTSCHLAND

Als Bier-Deutschland noch tief im Dornröschenschlaf lag, war Fritz Wülfing einer der ersten, der den Craft-Schuss hörte. 1988 machte er ein Praktikum bei der Schultheiss-Brauerei, 1999 entdeckte er in New York die neue Bierwelt, braute zunächst in der heimischen Küche, dann als Kuckucksbrauer bei Vormann in Hagen, in der Kölner Braustelle und der Siegburger Abteibrauerei. 2014 veröffentlichte er zusammen mit seiner Frau Heike „Craft-Bier selber brauen. Revolution der Heimbrauer", 2015/16 richtete er in Bonn-Pützchen seine Brauhalle ein, um endlich richtig loszulegen.

Die Gose ist weit über 1000 Jahre alt. Ihren Namen bekam das mit belgischen Lambics sowie Berliner Weiße verwandte Sauerbier von dem gleichnamigen Flüsschen, das im Harz entspringt und bei Goslar mündet. Während sie dort im 19. Jahrhundert ausstarb, war sie in Leipzig ebenso verbreitet wie beliebt. Die sächsische Metropole trug den Beinamen Gosestadt, aber auch sie war im 20. Jahrhundert vermehrt Gose-los. Erst in den letzten Jahren ist die Tradition, vor allem durch *Goedecke's Döllnitzer Ritterguts Gose*, wiederbelebt worden.

Gose Mania in und aus Bonn: Eigentlich ist Wülfing ausgewiesener IPA-Maniker mit der Lizenz zum Hopfenstopfen – aber er hat auch ein Faible für das vergessene Sauerbier, das ihm leicht und frisch gelingt. Spritzig milchsäuerlich, erinnert es entfernt an französischen Cidre und wird zudem von einer feinen Hopfenbittere geprägt, die sich in die gemachten Malzdaunen bettet.

Ein freundliches und harmonisches Sauerbier, das es auch in der Dose gibt und dann „Die Gose in der Dose" heißt.

Gose Mania

Brauart: Gose

Stammwürze: 12 ° Plato

Bittereinheiten: 14 IBU

Hopfen: Perle

Malz: Pilsener, Weizen, Karamell

Jenseits des Reinheitsgebots:
Koriander, Milchsäure, Meersalz

Alkohol: 5,1 % vol.

ANCHOR

ANCHOR PORTER
SAN FRANCISCO, KALIFORNIEN, USA

Frederick Louis „Fritz" Maytag III. ist der Stammvater der Craft-Bewegung. Der deutsche Einwanderer Gottlieb Brekle begann in den 1860er Jahren, in San Francisco zu brauen. 1896 übernahmen Otto Schinkel und Ernst Baruth dessen Brauerei und tauften sie Anchor Brewing, das mit Steam Beer (Dampfbier), einem seinerzeit in Deutschland noch weitverbreiteten Arme-Leute-Bier, berühmt wurde. In den 1960er Jahren war Anchor am Ende, nicht zuletzt, weil das Bier durch saure Misstöne in Verruf geraten war. Der 26-jährige Fritz Maytag kaufte den Pleiteladen für einen symbolischen Betrag und machte aus Anchor die wohl erste moderne Mikrobrauerei der Neuen Bierwelt – der Startschuss der Craft-Bewegung.

Maytag legte das Anchor Steam Beer mit veränderter, hopfenstarker Rezeptur neu auf und brachte es 1971 in Flaschen abgefüllt auf den Markt – eine märchenhafte Erfolgsgeschichte, denn bald konnte es nur noch in rationierten Mengen an Bierconnaisseurs verkauft werden. 1979 zog Anchor in eine größere Braustätte, wuchs seither kontinuierlich und exportiert aktuell in 50 Länder rund um den Globus.

Der **Anchor Porter** wird seit 1972 gebraut, seit 1974 mit Kronkorken versiegelt und hat sich seitdem zum Primus des Standardsortiments entwickelt. Der röstaromatische, kräftige, vollwürzige Porter gibt sich herb dunkelschokoladig und wird durch sein glänzendes Säurespiel zu einem erfrischenden Vergnügen. Mit seinem reichen, dichten Geschmack ist es eine Ikone der Craft-Bier-Bewegung und längst ein echter Klassiker aus Hopfen und Malz.

Anchor Porter

Brauart: Porter

Bittereinheiten: 40 IBU

Hopfen: Northern Brewer

Malz: 2-Row Pale, Karamell, Black, Chocolate

Alkohol: 5,6 % vol.

ANDERSON VALLEY

HEELCH O'HOPS
BOONVILLE, KALIFORNIEN, USA

Im Mendocino County im Norden des sonnenverwöhnten „Golden State" liegt das Anderson Valley. Das Tal ist ein Hopfenanbaugebiet und erlebt seit den 1980er Jahren einen ungebrochenen Weinboom. David Norfleet, der erste Brauer, sowie Kim und Ken Allen brauten hier ab 1987 im kleinen Buckhorn Saloon. Einen Steinwurf entfernt entstand ab 1996 die neue dreigeschossige Braustätte, deren Herz zwei bayerische Kupferkessel bilden – sie wurden bei Ambros Brütting Bräu in Bad Staffelstein und Magnus-Bräu Adam Düll in Kasendorf, beide in Oberfranken, demontiert, nachdem dort die Tore für immer geschlossen worden waren.

Das Wappentier der Kalifornier ist der legendäre „Boonville Bär", der ein Hirschgeweih trägt. Dahinter steckt die einfache Formel Bear + Deer = Beer (Bär + Hirsch = Bier). Im Anderson Valley hat sich der einzigartige Dialekt *Boontling* bewahrt, den auch die Brauerei spricht: Ihr Wahlspruch „Bahl Hornin'" heißt so viel wie „gutes Trinken" oder „Gutes trinken". **Heelch O'Hops** bedeutet „unglaublich viel Hopfen", und das trifft den Nagel auf den Kopf. Fal Allen, seit 2010 Braumeister, hat ein Imperial IPA mit heftigen 100 IBU entworfen – Biere im dreistelligen Bitterbereich sind üblicherweise harte Bretter, doch das Heelch O'Hops ist ausgesprochen freundlich, sonnig kalifornisch, sehr angenehm. Golden bis kupfern schillernd, sorgt der biskuitteigige Malzkörper glänzend für Harmonie zwischen Grapefruit, Kiefernnadeln und Rosinen.

Heelch O'Hops

Brauart: Double India Pale Ale

Bittereinheiten: 100 IBU

Hopfen: Columbus, Chinook, Cascade

Malz: Pale Two-Row, Victory

Alkohol: 8,7 % vol.

ANDERSON VALLEY
BOONVILLE, CA
HEELCH O'HOPS

BALADIN

NORA
PIOZZO, PIEMONT, ITALIEN

In Monte Carlo, wo sein Onkel Celso als Chefkonditor im Hotel de Paris tätig war, entdeckte Matterino „Teo" Musso die Welt der noblen Biere, eröffnete 1986 in seinem Heimatort eine Schänke, wo er 200 Biere aus aller Welt servierte, lernte in der belgischen Brasserie d'Achouffe die Kunst des Brauens und legte sich 1996 eine Brauanlage zu.

Wenn Baladin über Bier spricht, dann fallen nur selten technische Begriffe. Seine Biere haben vielmehr „Seelen", in ihnen drücken sich „Gefühle" aus und sie folgen „Visionen". Mit mediterraner Leichtigkeit und Leidenschaft kreiert Teo Musso Experimentalsude, die oft genug braukreatives Neuland erkunden. *Xyauyù* etwa, ein „stiller" Barley Wine ohne Kohlensäure, der, irgendwo zwischen Madeira und Cognac, kandierte Früchte verflüssigt. Oder seine Gewürzbier-Familie: *Isaac*, ein Witbier mit Koriandersamen und Orangenschalen, benannt nach seinem Sohn; *Wayan*, ein Saisonbier aus fünf Getreiden und neun Gewürzen, nach seiner Tochter; und **Nora**, ein „ägyptisches" Gewürzbier, nach der Mutter.

Friedrich Schiller bewahrte in seinem Schreibtisch stets faulige Äpfel auf, denn sie weckten seine literarische Aspiration und Inspiration. An Nora hätte der Dichter seine helle Freude gehabt. Ihr eignet eine sektartige Perlage, aber kein Mousseux,

Nora

Brauart: Gewürzbier

Stammwürze: 16,8 ° Plato

Bittereinheiten: 14 IBU

Hopfen: Hallertauer Mittelfrüh

Malz: Pilsener, Weizen, Kamut

Jenseits des Reinheitsgebots: Dattelsirup, Myrrhe, Orangenschale, Ingwer, Enzianwurzel

Alkohol: 6,8 % vol.

sie sticht pfeffrig in die Nase, ist unverkennbar apfelaromatisch und segnet die Zunge mit herb-sakralen Gewürznoten sowie einem Hauch Dattel und Ingwer. Wohl könnte man bestreiten, dies sei ein Bier, und Cidre, Gewürztraminer oder Muskateller ins Spiel bringen. Unbestreitbar ist jedenfalls, dass Nora alle Konventionen, Grenzen und Gesetze geflissentlich missachtet.

BELHAVEN

TWISTED THISTLE IPA
DUNBAR, EAST LOTHIAN, SCHOTTLAND

Im malerischen Küstenort Dunbar brodeln die Kessel der pittoresken, unter Denkmalschutz stehenden Belhaven Brewery, und zwar seit 1719. Aller Wahrscheinlichkeit nach stand an Ort und Stelle aber schon lange vorher eine Brauerei. Mehr als ein Vierteljahrtausend blieb Belhaven in Familienhand, bis Greene King 2005 übernahm.

Benjamin Greene öffnete 1799 die Tore seiner Brauerei im malerischen Bury St Edmunds in Suffolk, das für die pittoreske Ruine der Benediktiner-Abtei St. Edmund bekannt ist. Edmund der Märtyrer, König von Ostanglien, der 869 seinen Atem aushauchte, fand innerhalb der Klostermauern Anfang des 10. Jahrhunderts seine endgültige Ruhestätte. Von 1836 bis zu seinem Tod im Jahr 1891 führte Edward Greene die Brauerei in eine goldene Zukunft, 1887 tat er sich mit seinem Rivalen Frederick William King zusammen. Ab Mitte der 1990er Jahre setzte Greene King alles auf die Karte Expansion, übernahm zahlreiche Brauereien, liquidierte sie und braute ihre Top-Biere in eigener Regie weiter.

Anders bei Belhaven – Brauerei und Marke blieben nicht nur bestehen, vielmehr machte Greene King sie zum Herzstück einer Craft-Offensive (mit je fünf Bieren unter englischer und schottischer Flagge). Das **Twisted Thistle**, die verdrehte Distel, ist für ein Craft-Bier unter industrieller Vormundschaft verwegen eigenwillig. Whiskyfarben, malzig in der Nase, regieren herbe, dunkle Töne den Gaumen – Tabak, Leder und noch einmal Whisky. Nach einem hopfenfruchtigen Intermezzo setzen würzige Bitterwellen ein, die Zitronenzweige, Pinienzapfen und verholzte Kräuter anschwemmen.

Twisted Thistle IPA

Brauart: India Pale Ale

Hopfen: Challenger, Cascade, Hersbrucker

Malz: Pale, Crystal

Alkohol: 5,6 % vol.

BEVOG

OND
BAD RADKERSBURG, STEIERMARK, ÖSTERREICH

Nordöstlich von Maribor ragt ein kleiner, spitzer Zipfel Österreich nach Slowenien hinein. In Bad Radkersburg an der Mur beantragte der Slowene Vasja Golar 2012 Brauexil, nachdem sich die bürokratischen Hürden drei Kilometer weiter, auf der anderen Seite der Grenze, als unüberbrückbar erwiesen hatten. Als der ehemalige Heimbrauer, wissbegierige Autodidakt und nun stolze Besitzer eines hochmodernen Brauhauses nach kürzester Zeit bei der Laibacher Bierprämierung abräumte, wurde der bürokratische Schildbürgerstreich publik – woraufhin prompt die gründerfeindlichen Verordnungen geändert wurden.

Golar bedankte sich bei Bad Radkersburg, das ihn mit offenen Armen empfangen hatte, mit dem Etikett seines *Tak Pale Ales*, auf dem ein alpenländisches Fabelwesen das achtspeichige goldene Rad, das das Wappen der Stadt ziert, auf einen Berggipfel rollt. Überhaupt sind die Flaschen von Bevog ein Blickfang. Die Illustrationen stammen vom kroatischen Fantasy-Künstler Filip Burburan, der vielköpfige Drachen, riesenhafte Berserker und abscheuliche Monster mit viel Zuneigung porträtiert. Den **Ond** Smoked Porter ziert ein vielarmiger Krake auf Landgang, der wehmütig dem vorbeifahrenden Schiff nachstarrt und seine Pfeife schmaucht. Rauchmalz bringt wohldosiert Noten von Tabak, Holz und Leder ein. Die Rauchnoten sind keineswegs aufdringlich, ebenso wie die Porter-typische erfrischende Säure – zusammen machen sie Ond zu einem zugleich frischen und würzig-herben Vergnügen.

Ond

Brauart: Smoked Porter
Stammwürze: 15,8 ° Plato
Bittereinheiten: 43 IBU
Alkohol: 6,3 % vol.

OND

BIIR

WHITE IPA
BARCELONA, KATALONIEN, SPANIEN

2013 gründeten die beiden Spanier Albert Galán und Pere Móra sowie der Belgier Gunther Bensch BIIR Barcelona Craft Beer, um für die kosmopolitische Mittelmeermetropole Biere von internationalem Flair zu brauen. Braumeister und Geuzesteeker (Verschneider) Bensch, der auch für Lambic-Großmeister Girardin in Sint-Ulriks-Kapelle tätig war, hatte zuvor Aufsehen erregt, als er ein Vicaris Tripel mit einer Gueuze Girardin kreuzte und damit die mutmaßlich erste *Tripel Gueuze* schuf.

Der passionierte Bierexperimentator realisiert die Biere für BIIR nicht in Spanien, sondern in belgischen Auftragsbrauereien. In der Brouwerij De Troch in Ternat bei Brüssel verschnitt er die *Sweet-Sour/Red Series 2014*, Lambiks mit Kirschen und Himbeeren, sowie die *4B Oude Gueuze Lambic Series 2014*, verschnitten aus vier Lambiks von vier Brauereien, alle vier verschieden alt. Beide Serien reiften 12, 18, 24 oder 36 Monate in französischen Eichenfässern.

In der Brouwerij Anders! in Halen bei Hasselt setzte Bensch das **White IPA** auf, das erste BIIR überhaupt, eine Kreuzung zwischen Witbier und IPA, mit Koriandersamen und Orangenschalen gewürzt, großzügig gehopft und von höherem Alkoholgehalt als für belgische Weißbiere üblich. Es räumte ausgerechnet in der Höhle des Löwen, bei der »Brussels Beer Challenge«, zweimal in Folge – 2013 und 2014 – Gold ab. Ein belgisches Bier mit australischen und nordamerikanischen Hopfen und einem Schuss mediterraner Gelassenheit.

White IPA
Brauart: Witbier
Bittereinheiten: 62 IBU
Alkohol: 6,8 % vol.

BAR
CEL
ONA
BIIR
BARCELONA CRAFT BEER
ratebeer
BEST
White IPA

BIRRA DEL BORGO

MALEDETTA
BORGOROSE, LATIUM, ITALIEN

Leonardo di Vincenzo, dessen Name nach italienischer Renaissancekunst klingt, ist mitverantwortlich für die Wiedergeburt der hohen Braukunst in Bella Italia. Schon als Student versuchte er sich als Heimbrauer, verwarf dann alle Gedanken an eine akademische Laufbahn und studierte die europäischen Biertraditionen jenseits des Katheders im Selbstversuch.

2005 gründete er in Borgorose, einem verschlafenen Nest an den Ausläufern der Abbruzzen und direkt beim Naturpark Montagne della Duchessa, Birra del Borgo. Dort, in der Abgeschiedenheit der Provinz, braut di Vincenzo seither köstliche Biere jenseits der ausgetretenen Pfade. Und hatte damit nicht nur Erfolg im nahen Rom, sondern wurde binnen kürzester Zeit auch jenseits des Atlantiks, in der Craft-Beer-Metropole New York, berühmt.

Maledetta

Brauart: Belgian Ale

Bittereinheiten: 31 IBU

Alkohol: 6,2 % vol.

Sein Aushängeschild ist das *ReAle*, ein aromatisches englisches Real Ale (unfiltriert, vergleichsweise kohlensäurearm), sein Meisterstück das brautechnisch zwischen den Stühlen hängende **Maledetta**. Birra del Borgo nennt es Belgian Ale und meint damit eine Kreuzung belgischer und britischer Braukunst. Die charmante Bitterkeit englischer Hopfenkultur trifft auf belgische Hefen, die fruchtige, blumige Noten von hoher Intensität und Komplexität einbringen. Das blass rotbraune Maledetta hat Karamell in der Nase, Honig auf der Zunge, in den sich Zitrusaromen und herb-würzige Noten einschleichen. Maledettamente buono! Verdammt gut!

BIRRIFICIO ITALIANO

VUDÙ
LURAGO MARINONE, LOMBARDEI, ITALIEN

In Lurago Marinone, zwischen Mailand und Comer See, gründete Agostino Arioli 1996 die erste Craft-Brauerei der Lombardei. Ein großes Wagnis, schließlich steht in Italien alles im Zeichen des Weins, während die großen Biermarken fest in internationalen Händen sind. Trotzdem oder gerade deswegen hat sich in Bella Italia eine vitale Craft-Bier-Szene entwickelt, die sich weniger an herkömmlichen Bieren als vielmehr an den großen Weinen der Toskana, des Piemonts und Siziliens orientiert.

Gleichwohl startete Arioli mit dem normalsten aller Biere, mit seinem archetypischen *Tipopils*. Dann aber konzentrierte er sich auf die experimentelle Auslegung belgischer, deutscher und englischer Bierstile – oft jenseits der ausgetretenen Pfade. Etwa beim *Cassissona*, einem Champagner-artigen Fruchtbier mit Schwarzen Johannisbeeren. Oder beim *Fleurette*, einem Gewürzbier mit Blütenhonig, Holunderbeeren und Rosenknospen. Oder beim *Sparrow Pit*, das in Barrique-Fässern gereift wird – großer Wein eben.

VuDù ist ein reichlich dunkles Weizenbier, das zwischen Mahagoni und Mokka schillert und nach gebackenen Bananen mit Honig, herb-süßen Trockenfrüchten und Karamellschokolade duftet. Auf dem Gaumen widerstreiten malzig-süße Aromen mit einer frischen, spritzigen Säure, die an rote Beeren, Orangen, Aprikosen und Mandarinen denken lässt. Ein weiches, samtiges Vergnügen bayerischer Art mit lombardischer Note.

VuDù

Brauart: Dunkles Weizen

Stammwürze: 16 ° Plato

Hopfen: Fuggles

Malz: Pilsener, Münchner, Röst-, Weizenmalz

Alkohol: 6 % vol.

COGLI L'ATTIMO,

BLACK ISLE

ORGANIC GOLDENEYE
MUNLOCHY, HIGHLAND, SCHOTTLAND

Inmitten der schottischen Highlands, auf der Black Isle, die in Wirklichkeit eine Halbinsel ist, richtete David Gladwin 1998 die gleichnamige Brauerei ein. Nur einen Steinwurf entfernt von Inverness und dem berüchtigten Loch Ness wird auf der kleinen Farm auf knapp 50 Hektar Bio-Braugerste angebaut, und überhaupt ist bei Black Isle alles bio: „Save the Planet – Drink organic“ lautet der Wahlspruch der Schotten. Wie zum Beweis labt sich Molly, die Kuh, am verbrauten Gerstenmalz, während Hühner, Hebridenschafe und Cockerspaniel wild durcheinander laufen. Die verschwindend geringe Kapazität von 165 Litern wurde schnell viel zu klein, und so bauten die Highlander ab 2008 eine neue Brauerei mit einer 50-Hektoliter-Anlage, die von den Braumeistern Colin Stronge und Andrew Fraser gefüttert wird.

Organic Goldeneye

Brauart: Pale Ale

Alkohol: 5,6 % vol.

Das kupferfarbene, klare **Goldeneye** Pale Ale wird mit Aromahopfen aus der Neuen Welt kaltgehopft, den man sofort in der Nase hat. Ein verführerischer Duft von Honig entströmt zudem dem Glas, und es ist vielleicht kein Zufall, dass Black Isle sich für die „Highland Gardens Bee Society“ einsetzt – und für mehr Biodiversität und Wildblumen zum Wohle der Bienen. Spätestens auf der Zunge macht das „goldene Auge“ glücklich. Zunächst trocken, würzig und herb, stellt sich bald eine herrlich leichte Karamellsüße ein, die den ersten Eindruck kontert, für ein volles Aroma sorgt und das Pale Ale perfekt ausbalanciert.

BREWED IN THE SCOTTISH HIGHLANDS
BLACK ISLE
ORGANIC
GOLDENEYE PALE ALE

BRAUFACTUM

THE BRALE
FRANKFURT AM MAIN, HESSEN, DEUTSCHLAND

Die Radeberger Gruppe ist das Schwergewicht des deutschen Biers – mit noch und nöcher großen Brauanlagen und Markennamen, so viele kann sich kein Mensch merken. Trotz aller Marktmacht, die Dinos haben wegen des seit Jahren schrumpfenden Absatzes ihr Kreuz zu tragen und möchten deshalb gerne dabei sein, um die Sahne vom Craft-Kuchen zu naschen. Nicht als „Radeberger Craft", sondern unter dem Label Braufactum mischt der Konzern mit. Dabei hätte er das gar nicht nötig, schließlich ist das Radeberger Pilsener aus Sachsen einer der respektabelsten Vertreter seiner Zunft – und fast zu schade, um sich in Super- oder Getränkemärkten verdingen zu müssen.

Brown Ale erlebte seine Blütezeit um 1900 und in den folgenden Jahrzehnten, es war oft malzig-süß und leichtalkoholisch, allerdings handelt es sich um einen dehnbaren Begriff, denn schließlich kann alles, was nicht bleich genug für ein Pale Ale und nicht dunkel genug für einen Porter ist, Asyl im erdfarbenen Spektrum beantragen.

The Brale ist, nicht weiter verwunderlich, braun, möglicherweise mahagoni. Es verblüfft mit Zitrone in der Nase, schmeckt angenehm trocken, ist von feinbitterem Understatement, schmeichelt feinperlig der Zunge, hat Haselnuss im Malzbett – und ist dabei ein wunderbar subtiles Bier, das die Aufmerksamkeit nicht auf sich zieht, sondern den Moment einlädt zu verweilen.

The Brale

Brauart: Brown Ale

Hopfen: Mosaic, East Kent Golding, Hallertauer Mittelfrüh, Magnum

Malz: Pilsener, Karamell

Alkohol: 5 % vol.

BRAUFACTUM
DAS CRAFT BIER
The Brale
BROWN ALE

BREWBAKER

BERLINER JAHRGANGSWEISSE 2015
BERLIN, DEUTSCHLAND

„Pack die Badehose ein, nimm dein kleines Schwesterlein, und dann nischt wie raus nach Wannsee“, sang Cornelia Froboess 1951. Zehn Jahre davor hatte es in der Spreemetropole noch zehn, um die Jahrhundertwende rund 50 Weißbierbrauereien gegeben. Zu Beginn des neuen Millenniums war das traditionelle Sauerbier in Berlin dann so gut wie ausgestorben. 2014 nahm Slow Food es als Passagier an Bord der „Arche des Geschmacks“. Die Privatbrauerei von Andreas Bogk sowie Michael Schwab alias BrewBaker können sich rühmen, die bedrohte Bierart – in Berlin – vor dem Aussterben bewahrt zu haben.

Handwerksbrauer Schwab machte sich ab 2005 an die Rettung des Spreeschampus. In der nach eigenem Bekunden „meistbewegten, größten, ältesten noch bestehenden Familienbrauerei in Moabit in 1. Generation“ wird die Weiße wie in Großmutters Zeiten mithilfe von Milchsäurebakterien und Brettanomyces bruxellensis vergoren. Schon bei der mild apfelaromatischen Standard-*Weiße* (2,5 % vol.) kann man sich das unselige Sirupgepansche, mit dem industrielle Produkte erträglich gemacht werden, sparen. Erst recht gilt dies für die deutlich kräftigere **Jahrgangsweiße**, die frech über die Zunge prickelt und sich dann vorwitzig in den Rachen stürzt. Wem auch das noch nicht reicht, der greife zur *Gipfelweiße* (5,2 % vol.), einem Kollaborationssud mit Sauerbierstarbrauer Sebastian Sauer von Freigeist Bierkultur, der mit Salz und Whiskymalz angesetzt wurde. Und jetzt alle: „Ja, wir radeln wie der Wind durch den Grunewald geschwind, und dann sind wir bald am Wannsee …“

Berliner Jahrgangsweiße 2015

Brauart: Berliner Weiße

Bittereinheiten: 6 IBU

Alkohol: 3,5 % vol.

2015
berliner
jahrgangs
weisse
2035

BREWDOG

PUNK IPA
ELLON, ABERDEENSHIRE, SCHOTTLAND

Punk IPA

Brauart: India Pale Ale

Bittereinheiten: 35 IBU

Hopfen: Chinook, Ahtanum, Amarillo, Cascade, Simcoe, Nelson Sauvin

Malz: Extra Pale

Alkohol: 5,6 % vol.

2007 gründeten James Watt und Martin Dickie die wohl erste schottische Brauerei von Punks für Punks. Mit ihrem Finanzierungsmodell *Equity for Punks* ermöglichten sie private Beteiligungen an BrewDog, Anfang 2016 hielten rund 14.500 Punk-Investoren Anteile. Mit frischem Geld eröffnete BrewDog ab 2010 bis dato rund 30 Bier-Bars – die erste in Aberdeen, weitere in Schottland, auf der ganzen britischen Insel und rund um den Globus, in Barcelona, Berlin, Brüssel, Florenz, Hongkong, São Paulo, Stockholm und Warschau. Zwischenzeitlich lieferten sich die Braupunks mit dem mittelfränkischen Schorschbräu einen fragwürdigen Wettlauf um das stärkste Bier der Welt. Ihr *Sink the Bismarck* (41 %) wurde vom *Schorschbock 43* übertroffen, woraufhin die Schotten mit dem vielsagenden *The End of History* (55 %) antworteten – um das Feld danach großzügig anderen überließen. Die Paradebiere von BrewDog heißen *Dead Pony Club, Vagabond Pale Ale, This. Is. Lager.* sowie *Five AM Red Ale*, das Flaggschiff ist allerdings, wie sollte es auch anders sein, das **Punk IPA**. Es ist standesgemäß blass, und ihm fehlt alles, was man sich unter punkiger No-Future-Düsternis vorstellen könnte. Frische Blüten kitzeln das zuständige Geruchsorgan, und auch auf der Zunge, am Gaumen und in der Kehle ist das Punk IPA ein frisches, leichtes, klares Vergnügen. Unverkennbar sind tropische Fruchtaromen, die mit herben Hopfentönen verwirbeln – ein ebenso aromatisches wie trinkbares India Pale Ale.

BREWDOG
PUNK IPA
POST MODERN CLASSIC
ALC./VOL.
5.6%

BREWERS & UNION

FRIDAY ÜBER IPA
MÜNCHEN, DEUTSCHLAND/KAPSTADT, SÜDAFRIKA

Portugal, Belgien, Deutschland, Südafrika, England, China – Brewers & Union ist wohl eine der globalsten Braumarken überhaupt. Rui Vieira Esteves, gebürtiger Portugiese, und Brad Armitage bauten einst eine Coffeeshop-Kette in Südafrika auf, in der Kaffee von erlesenster Qualität gebrüht wurde. Als für ihre acht Filialen ein nicht unannehmbares Angebot ins Haus flatterte, verkauften sie und stiegen auf Bier um. Ohne eigene Brauerei, ließen sie zunächst in Belgien brauen, sind inzwischen aber in Bayern gelandet, wo sie mit vier alteingesessenen Familienunternehmen zusammenarbeiten. Nach Südafrika, England und sogar ins ferne China wurden die Resultate ab 2007 verschifft, inzwischen sind sie aber auch in Deutschland und vielen anderen europäischen Ländern erhältlich.

Das rätselhaft und herrlich bierpoetisch betitelte **Friday Über IPA** ist eine unverkennbar bayerische Version des India Pale Ales. Kupfern und trüb bietet es sich dar, neben fruchtig-süßlichen fallen nussige Noten in der Nase auf. Dem Friday sind die Bitterextreme fremd, es ist vielmehr ein weicher, sommerlicher Schaum, der erst auf der Zunge vergeht. Ein unglaublich gut trinkbares Bier, das feine Bittertöne und karamellig-nussige Noten mit der Zeit immer würziger machen. Ein süffig-freundliches IPA, wie es so perfekt nur bayerische Landbrauereien hinbekommen. Fast noch schöner betitelt ist übrigens das *Beast of the Deep*, ein heller Bock, dessen schaumgeborene Rezens nicht verheimlicht werden soll.

Friday Über IPA

Brauart: India Pale Ale
Stammwürze: 16 ° Plato
Bittereinheiten: 55 IBU
Alkohol: 6,5 % vol.

FRI
DAY

BRŁO

PORTER
BERLIN, DEUTSCHLAND

Porter

Brauart: Porter

Bittereinheiten: 35 IBU

Hopfen: Herkules, Tettnanger

Malz: Pilsener, Karamell, Röstmalz

Alkohol: 7 % vol.

Brło, so die Auskunft von Katharina Kurz, Christian Laase und Michael Lembke, den Köpfen der Brauerei, ist der altslawische Ursprung des Worts Berlin und soll ursprünglich so viel wie „Sumpf" oder „trockene Stelle in einem Feuchtgebiet" bedeutet haben. Inmitten der deutschen Craft-Hochburg Berlin gingen Sie Ende 2014 auf den Markt, zunächst mit einem *Hellen* und einem *Pale Ale*, dann auch mit einem *Porter* und einer *Weiße Berliner Art*. Noch ohne eigene Brauerei, setzen die drei Jungunternehmer ihre Biere in der Klosterbrauerei Neuzelle in Brandenburg und der Brauerei Landsberg in Sachsen-Anhalt an und um. Federführend wirkt dabei Braumeister Lembke, während die anderen beiden ihren Senf, will sagen Hopfen dazugeben.

Alle vier Sorten von Brło sind – im besten denkbaren Sinne – großartige Einsteigerbiere. Fern liegt ihnen der Hang zum Extremismus, dem sich manch anderer Craft-Brauer verschrieben hat. Das Helle gibt sich freundlich feinhopfig, das Pale Ale vollmundig und herrlich herb, die Weiße dezent säuerlich und erfrischend. Der dunkle, aber keineswegs schwarze **Porter** atmet angenehme Räuchernoten aus, die Lust auf mehr machen. Auf der Zunge entwickelt sich ein voller Malzkörper, der an Gewürzbrot erinnert. Schön gehopft und mit einer milden Bittere, die freilich lange nachklingt, ist Brłos Interpretation ein Porter, das nicht nur Craft-Bier-Experten gefallen, sondern auch Neulingen das Tor in eine andere Bierwelt aufstoßen dürfte.

HANDCRAFTED WITH
BERLIN LOVE
BRŁO
CRAFT BEER
· PORTER ·

BROOKLYN

SORACHI ACE
BROOKLYN, NEW YORK, USA

Brooklyn beherbergt eine der berühmtesten Brauereien der Craft-Bewegung. Und das liegt nicht zuletzt an zwei charismatischen Machern. Zum einen an Steve Hindy, einst Kriegsberichterstatter im Nahen Osten, berichtete er 1979 über die Islamische Revolution im Iran und saß hinter Anwar as-Sadat, als der ägyptische Präsident 1981 bei einer Militärparade erschossen wurde. Ausgerechnet in Saudi-Arabien lernte er von westlichen Diplomaten das Heimbrauen. 1987 gründete er zusammen mit Tom Potter eine Brauerei – zu einer Zeit, als sich Bud, Coors und Miller den gesamten amerikanischen Bierkuchen aufteilten. Sein erster Geniestreich: Er brachte Milton Glaser, den Designer von *I♥NY*, dazu, das Brooklyn-Logo zu gestalten. Und zum zweiten am imposanten Garrett Oliver, dem vielleicht berühmtesten Braumeister, Autor von „The Brewmaster's Table" und Hans Dampf in allen Mediengassen. Craft-Bier, sagt er, ist kein Trend, sondern die Rückkehr zur Normalität – recht hat er!

Das **Sorachi Ace** ist ein bombastisches High-End-Bier. Ausschließlich mit dem japanischen Edelhopfen angesetzt, hat es eine angenehme Bitterkeit und eine limonenartige Grundstimmung, begleitet von Zitronengras, Ingwer, Dill, Mango, Aprikose und Honig. In einem perfekten Pilsener Malzbett hervorragend aufgehoben, erhält es seinen herrlichen Schaum durch die Nachgärung mit Champagner-Hefe. Purer Sonnenschein im Glas, der Craft-Herzen höherschlagen lässt …

Sorachi Ace

Brauart: Saison/Farmhouse Ale
Stammwürze: 15,4 ° Plato
Hopfen: Sorachi Ace
Malz: Pilsener
Hefe: Belgische, Champagner
Alkohol: 7,6 % vol.

A
BROOKLYN
SORACHI ACE
100% BOTTLE REFERMENTED ALE
1 PINT, 9.4 FLUID OZ., 7.6% ALC. BY VOL.
BROOKLYN BREWERY, BROOKLYN, NY

BROUWERIJ 'T IJ

FLINK
AMSTERDAM, NIEDERLANDE

Das IJ war ursprünglich ein Meeresarm der Zuiderzee, der weitgehend eingepoldert wurde. Der 1889 eröffnete Hauptbahnhof Amsterdam Centraal wurde auf einer dem IJ abgerungenen Insel und 9000 Holzpfählen errichtet– direkt in seinem Rücken trennt das IJ die Innenstadt vom Amsterdamer Norden. Nur ein paar Meter östlich und von zwei Seiten mit Wasser umgeben liegt De Gooyer, die größte hölzerne Windmühle der Niederlande, die im 16. Jahrhundert errichtet wurde. Unmittelbar daneben befindet sich eine alte städtische Badeanstalt, die ihre Tore längst geschlossen hatte, als Kasper Peterson auf sie aufmerksam wurde. Der Musiker, der auf Tour in Belgien die Braukunst des südlichen Nachbarlands lieben gelernt hatte, gründete 1985 im verwaisten Badehaus die Brouwerij 't IJ. Seither wird im Schatten der Mühle handwerklich hochstehendes Bier gebraut – mit großem Erfolg, sodass 2013 eine zweite Produktionsstätte im größeren Maßstab in Betrieb genommen wurde.

Flink

Brauart: Amsterdams Blond

Alkohol: 4,7 % vol.

Das **Flink** ist das helle Basisbier der Brouwerij 't IJ und könnte fast noch als Schankbier durchgehen. Das Amsterdams Blond ist keineswegs blond im belgischen Starkbiersinn. Vielmehr könnte man bei diesem nicht gerade sparsam gehopften Bier von einem erfrischend bitteren Pale Ale sprechen. Mit seinen zurückhaltenden Kräuter- und unverkennbaren Fruchtnoten ist es ein perfekter Durstlöscher, der am besten im brauereieigenen Biergarten schmeckt.

HET ORIGINEEL
BROUWERIJ'T IJ
AMSTERDAMS BLOND
FLINK
BIJZONDER BIER VAN HOGE GISTING
ALC. 4.7% VOL.

CADOLZBURGER

BLACK IPA
CADOLZBURG, MITTELFRANKEN, DEUTSCHLAND

Das Brauhaus Brandmeier in Cadolzburg vor den Toren Nürnbergs ist ein klarer Fall von *Profi-Brauer im Hobbykeller*. Das Brauhaus besteht nämlich, wenn man den Berichten trauen darf, aus 45 Quadratmetern Keller des Familienwohnhauses. Michael Brandmeier ist gebürtiger Kölner, Ute Brandmeier alteingesessene Cadolzburgerin – ihr Ururgroßvater wirkte Ende des 19. Jahrhunderts am Bau des 25 Meter hohen, neugotischen Aussichtsturms mit, der die Etiketten der Kleinstbrauerei schmückt.

Seit rund 80 Jahren gab es in Cadolzburg keine Brauerei mehr, bis Michael Brandmeier 2013 begann, nebenberuflich seine „Kellerbiere" zu brauen. Große Mengen sind es nicht, die den Weg ans Tageslicht oder sogar über die Grenzen des kleinen Städtchens hinaus finden. Wem sich also die Gelegenheit bietet, der tut gut daran, sie nicht verstreichen zu lassen. Das Cadolzburger IPA gibt es in zwei Editionen: Als helles (*Triple S, Double C* – Simcoe, Summit, Super Galena, Cascade, Citra) und schwarzes **IPA**, was allerdings etwas übertrieben ist, denn es ist in der Tat rot-braun, flüssiger dunkler Bernstein. In die Nase steigt eine immense Hopfenfruchtigkeit, im Mund wird schnell klar, dass es sich um ein Eigenbau-IPA handelt. Eine süffige Süße und eine kräuterbalsamische Herbheit stehen sich holzschnittartig gegenüber. Ein freundliches, ganz und gar nicht strenges IPA mit starkem Tiefgang, das nicht allein hopfenbetont ist, sondern in erheblichem Ausmaß vom Malz und einer vielleicht typisch fränkischen Vollmundigkeit geprägt wird.

IPA (Edition II: Black)

Brauart: India Pale Ale

Hopfen: Citra, Chinook, Sorachi Ace, Summit

Alkohol: 7,2 % vol.

Brauhaus
GOURMET
EDITION
CADOLZBURGER
IPA
INDIA PALE ALE
ALK. 7,2 % Vol.
0,5L
0,75L
1,0L
Zutaten: Wasser, Gerstenmalz, Hopfen, Hefe
Bier gebraut nach dem bayerischen Reinheitsgebot
EDITION:

CAMBA BAVARIA

LOVEBEER
TRUCHTLACHING, OBERBAYERN, DEUTSCHLAND

Seit 2008 klappern in der alten Mühle in Truchtlaching an der Alz die Braukessel von Camba – so wurden ehedem die Braustätten in Klöstern genannt, und schon die alten Kelten, die in der Eisenzeit bei Truchtlaching siedelten, hießen ihre Braupfanne Camba. Die junge Brauerei hat sich binnen kürzester Zeit mit innovativen Bieren einen hervorragenden Ruf im Craft-Sektor und über ihn hinaus erarbeitet. Die traditionellen bayerischen Bierstile gehören ebenso zum breit gefächerten Angebot wie die typischen belgischen und englischen Sorten, allesamt profund umgesetzt.

Lovebeer

Brauart: Weizenbier
Stammwürze: 12,8 ° Plato
Bittereinheiten: 29 IBU
Hopfen: Tradition, Hersbrucker, Simcoe, Chinook
Alkohol: 5,2 % vol.

Wie es sich für eine Brauerei im Chiemgau gehört, hat Camba mehrere Weißbiere im Angebot, von der *Leichten Weiße* über die dunkle *Wilderer Weiße* bis hin zum *Weizenbock*. Ein Weizen sticht aber heraus – das schon vom Design des Etiketts auffällig andere **Lovebeer**. Macht Lovebeer, keinen Krieg, scheinen die psychedelisch angehauchten Lettern sagen zu wollen. Camba Bavaria nennt die Farbe ockergelb – und übt sich damit in Understatement, denn was da aus der Flasche strömt, könnte man durchaus mit dem Wortungetüm *superbananenultratrüb* beschreiben. Das würzig-fruchtige Aroma kommt mit deutlichen Noten von exotischen und Zitrusfrüchten daher, in die sich Anklänge von Nelken und Lorbeer sowie intensive Hopfennoten mischen. Bei alledem ist das Lovebeer ein äußerst freundliches Weizen. Um es mit den Beatles zu sagen: *All you need is Lovebeer, Lovebeer is all you need …*

Lovebeer
LOVE
BEER

CANTILLON

GUEUZE 100 % LAMBIC BIO
ANDERLECHT, BRÜSSEL, BELGIEN

Paul Cantillon und seine Frau Marie Troch eröffneten im Jahr 1900 ihre Lambic-Brauerei. Heute wird sie von Jean Van Roy in fünfter Generation geführt und gehört zu den angesehensten Brauhäusern des Erdballs. Zur Zeit ihrer Gründung war Cantillon eine von mehr als hundert Brauereien in Brüssel – während alle anderen über die Jahre verschwanden, lassen die Lambics, Gueuzen, Faros und Krieks aus dem letzten Traditionshaus noch heute die Kennerherzen höherschlagen.

Die durch und durch biologische **Gueuze** ist blassblond und klar, ihr entströmt angenehm mild das charakteristische Odeur. Der Brüsseler Champagner massiert mild sauer die Geschmacksknospen, kitzelt leicht bitter, verströmt dezente Apfelaromen und ist harmonisch ausbalanciert, wie es nur große Lambic-Verblender vermögen. Doch das einzigartige Craft-Biotop im Südwesten der belgischen Hauptstadt ist bedroht. Der Klimawandel macht das Brauleben schwer. Die Lambics sind 90 °C heiß, wenn sie in große Wannen kommen, um über Nacht auf idealerweise 0 bis 5 °C abzukühlen, damit die wilden Hefen ihre Arbeit aufnehmen können. Da die Winter aber auch in Brüssel immer wärmer werden, wird die Brauperiode entsprechend kürzer. Während sie früher von Oktober bis Mai dauerte, reicht sie heute nur noch von Anfang November bis Ende März – wenn überhaupt. Wer weiß – vielleicht wird es in näherer oder fernerer Zukunft zum Exodus der Lambic-Brauer kommen, und Skandinavien wird zur neuen Heimat der Gueuzen, während Brabant als Weinregion zu neuem Ruhm gelangt.

Gueuze 100 % Lambic Bio

Brauart: Gueuze

Alkohol: 5,0 % vol.

CANTILLON
Gueuze 100% Lambic Bio

COISBO

BROOKLYN FALL
VISSENBJERG, FÜNEN, DÄNEMARK

Anders Coisbo war Polizist, zuletzt in Vollsmose, einem berüchtigten Problemviertel von Odense. Ende 2007 hatte der Bierliebhaber eine echte Schnapsidee: In seiner Küche braute er ein Julebryg, ein dänisches Weihnachtsbier. In der Folge expandierte er in seine Garage, die sich aber schnell als zu klein erwies, und ging 2009 unter die Phantombrauer. In der Ørbæk Bryggeri setzte er sein erstes kommerzielles Bier an, das mit Holunderblüten gebraute *Urban Haze* – ein mildes, weiches, zartes und zugleich entschieden bitteres Pale Ale. Auf der harten Bank der *Scandinavian School of Brewing* in Kopenhagen wurde der Autodidakt zum diplomierten Braumeister und räumt seither Preis um Preis in aller Bierwelt ab, ob in Barcelona, Brüssel oder Dublin. 2013 hängte er die Uniform an den Nagel, um sich nur noch seiner Passion zu widmen.

Coisbo hat ein Faible für New York: *5th Avenue, Astoria Black, Harlem Break, Manhattan Dawn, Queens Desire, Wall Street* heißen seine Standardbiere. Dazu gehört auch das mit sechs Malzsorten gebraute **Brooklyn Fall**. Rauchbiere waren einst Regel, nicht Ausnahme: Vor der industriellen Mälzrevolution wurde die Gerste oft über offenem Feuer gedarrt und nahm dann starke Räuchernoten an. Die aufdringlichen Speckaromen kamen später völlig aus der Mode – nur in Bamberg bewahrten *Aecht Schlenkerla* und *Spezial* die alte Tradition. Craft-Brauer in aller Bierwelt haben sie wiederentdeckt, setzen das Rauchmalz aber dosierter, virtuoser, subtiler ein. Mit einem Hauch Rauch impft auch Coisbo sein perfekt abgestimmtes Schwarzes, in dem Schokolade, Kaffee und Karamell weitere Hauptrollen spielen.

Brooklyn Fall

Brauart: Rauchbier

Alkohol: 6,2 % vol.

COISBO BEER
DANISH CRAFT BEER SINCE 2009
HARLEM
BREAK
BROWN ALE
5,3%
COISBO BEER
DANISH CRAFT BEER SINCE 2009
BROOKLYN
FALL
SMOKED BEER
6,2%
COISBO BEER
DANISH CRAFT BEER SINCE 2009
MANHATTAN
DAWN
AMERICAN IPA
6,5%

CORONADO

MERMAID'S RED
CORONADO, KALIFORNIEN, USA

Aus Coronado, das auf einer Halbinsel direkt vor San Diego in den Pazifik ragt, gibt es neben dem Yachthafen und einer Militärbasis auch die gleichnamige Brewing Company, die mit typischen Westküsten-Craft-Bieren bekannt geworden ist. Als Etikettenschmuck und Galionsfigur haben die Kalifornier eine Meerjungfrau gewählt, die alten Erzählungen zufolge an den nahen Stränden zu singen beliebt. Anders als ihre antiken Vorbilder, die Sirenen aus Homers Odyssee, lockt sie die Schiffer aber nicht an, um sie ins Verderben zu stürzen, sondern warnt mit ihren Gesängen vor den zerklüfteten Klippen von Point Loma und geleitet die Schiffe sicher in die Bucht von San Diego.

Mermaid's Red

Brauart: Amber Ale

Alkohol: 5,7 % vol.

Bittereinheiten: 46 IBU

Hopfen: Northern Brewer, Cascade, Centennial

Malz: 2-Row, Cara, C-45, C-77, Chocolate, Carafa III

Hefe: Cal Ale

Alkohol: 5,7 % vol.

Das **Mermaid's Red** Amber Ale ist für ein bernsteinfarbenes Bier äußerst dunkel, nämlich rotbraun. Schon in der Nase und noch in der Kehle widerstreiten und ergänzen sich die Hopfenbitterkeit, bei der Northern Brewer federführend ist, und die Malzsüße auf zugleich kräftige und elegante Art und Weise. Die fruchtige Hopfenbitterkeit ist einen Hauch vorher da, dann entwickelt sich der ausdrucksvolle Malzkörper bis hin zu einem schokoladigen Finish mit Anklängen von Nelke und Karamell. Ganz sicher lecker zu Hummer, ein Fest sicherlich für all jene, die ihr Pale Ale nicht immer ganz bleich und trocken, sondern auch mal malzaromatisch und feinwürzig mögen.

CORONADO
BREWING COMPANY
CORONADO BREWING COMPANY
CORONADO, CALIFORNIA
Brewing is our middle name
MERMAID'S RED
AMBER ALE

CREW REPUBLIC

X 2.1
MÜNCHEN, BAYERN, DEUTSCHLAND

2011 gründeten der Tiroler Mario Hanel und der rheinische Schwabe Timm Schnigula Crew Republic und verwirklichten damit den Traum von der eigenen Craft-Brauerei. Anfangs entstanden die eXperimentellen Crew-Republic-Biere durch Kuckucksbrauen in der Hohenthanner Schlossbrauerei bei Landshut, inzwischen stehen die eigenen Anlagen in Unterschleißheim bei München. Die jungen Wilden hatten von Anfang an nicht vor, ausgerechnet in der deutschen Biermetropole normale Hopfen-und-Malz-Getränke an den Mann und die Frau zu bringen. Vielmehr sind ihre Kreationen stets kompromisslos und von eigensinniger Vehemenz.

X 2.1
Brauart: Barley Wine
Bittereinheiten: 60 IBU
Hopfen: Herkules, Fuggles, East Kent Golding
Malz: Pilsener, Crystal
Alkohol: 9,5 % vol.

Ihr pilsig-goldenes *Drunken Sailor* India Pale Ale kombiniert eine subtile, aber schwere Süße mit würzigen bis bitteren Obertönen zu einem eXzellenten German-style IPA; das *Roundhouse Kick* Imperial Stout ist eine bittersüße, feinsäuerliche, herrlich austarierte Malzbombe; und das *7:45 Escalation* Double IPA ein extrem würziger Traum von einem Karamell-Likör, den man zu sich nehmen soll, wenn morgens um 7 Uhr 45 alle anderen schon gegangen sind und man die Situation trotzdem noch einmal eskalieren lassen möchte. Ihr vielleicht größter Coup ist jedoch der Barley Wine **X 2.1**, der malzig süß in die Nase steigt und wie herber Süßwein die Geschmacksknospen überwältigt. In intensiven Wellen rollen die Aromen, die von Portwein über Karamell bis Tabak und Leder reichen, an – ein fraglos eXtremes Starkbier oberster Güte.

2.1
SINCE
MMXI
CREW
Republic
HANDCRAFTED
BEER FROM
München

DE GLAZEN TOREN

CUVÉE ANGÉLIQUE
ERPE-MERE, OSTFLANDERN, BELGIEN

Die Kleinbrouwerij De Glazen Toren (Der gläserne Turm) tauchte 2004 auf dem Brauradar auf, und seither haben sich Jef Van den Steen und Dirk De Pauw von Hobbybrauern in echte Chefköche verwandelt. Für die Cuvée Angélique zeichnen allerdings nicht sie, sondern die weiblichen Mitglieder der Objectieve Proefajuinen Aalst, eines Vereins zur Erhaltung der Aalster Bierkultur, verantwortlich. Vor rund einem Jahrhundert waren Angélique Ardaens und Domien Bogaert im nahen Aalst stadtbekannt. Zu Originalen der ostflandrischen Stadt wurden die *Houilleschoiter* nicht zuletzt, weil sie ab 1925 das Etikett eines Aperitifs zierten.

Nicht nur die Drehorgelspielerin und der Trommler sind ein lebendiges Stück Geschichte, sondern auch das Dubbel Spéciale Belge. Als die einheimische Bierkultur von englischen Ales einerseits und deutschem Pils andererseits in die Mangel genommen wurde, rief man 1905 einen Wettbewerb ins Leben, um ein typisch belgisches Gegengewicht zu schaffen. Das Spéciale Belge war geboren, das anfangs nur unwesentlich dunkler als ein typisches Pils war, in der Folge aber malziger, dunkler und auch stärker wurde. De Glazen Toren haben den einst erfolgreichen, inzwischen aber fast vergessenen Stil wiederentdeckt. Ihre **Cuvée Angélique** ist ein Kaleidoskop belgischer Braukunst und eine Achterbahnfahrt durch die Bierdimensionen: Sie ist malzlastig (Dubbel, Porter), frizzante und säuerlich (Oud Bruin, Gueuze) und hopfenbitter (Pale Ale, Pils) – und keine Seite ist gewillt, klein beizugeben. Eine echte Cuvée eben ...

Cuvée Angélique

Brauart: Dubbel Spéciale Belge

Alkohol: 8,3 % vol.

DE GLAZEN TOREN
Cuvée Angélique
BROUWERIJ
DE GLAZEN TOREN
DE GLAZEN TOREN
Cuvée
Angélique
DE GLAZEN TOREN

DE LA SENNE

TARAS BOULBA
BRÜSSEL, BELGIEN

Taras Boulba

Brauart: Blonde légère

Alkohol: 4,5 % vol.

2006 taten sich die Braumeister Bernard Leboucq und Yvan De Baets, beide gebürtige Brüsseler, zusammen, um in der belgischen Hauptstadt den Kessel zu heizen. Vier Jahre dauerte es, bis sie nicht mehr in fremden Braustätten, sondern der eigenen zur Tat schreiten konnten. Direkt neben dem Friedhof des inzwischen zu zweifelhafter Berühmtheit gelangten Stadtteils Molenbeek eröffneten sie 2010 die Tore der Brasserie de la Senne, benannt nach dem Fluss, an dem sich ehedem Brauerei an Brauerei drängte, der aber heute im Stadtzentrum völlig überbaut ist – und keine Brauereien mehr beherbergt.

Während Belgien heute vor allem für seine grandiosen Starkbiere berühmt ist, konzentrierten sich Leboucq und De Baets von Anfang an auf leichtere Biere mit viel Geschmack. Ihr Flaggschiff ist das **Taras Boulba**, ein leichtes Blondes mit lässigen 4,5 Prozent, das von der gleichnamigen Erzählung Nikolai Gogols inspiriert wurde. Während dort jedoch der Sohn des Kosaken Taras Bulba aus Liebe zu den Polen überläuft und von seinem eigenen Vater erschossen wird, ist es hier der flandrische Zirkusdirektor, der seinen Sohn als „Schmierlappen" beschimpft und das Bierfass auf ihn richtet, weil der sich mit einer Wallonin eingelassen hat.

Das Taras Boulba ist ein „Extra Hoppy Ale", will sagen, beim Aromahopfen wurde nicht gespart. Es ist bitter mit grasigen Noten, sehr trocken und von erfrischendem Zitruscharakter – ein Bier das am besten schmeckt, wenn die Sonne im Zenit steht.

BRASSERIE DE LA SENNE
BRUSSELS
TARAS BOULBA
EXTRA HOPPY ALE
Smeirlap !
BRASSERIE DE LA SENNE • BRUSSELS, BELGIUM
BIERE/BIER/BEER/BIRRA DOPPIO MALTO/CERVEZA

DE MOLEN

BOMMEN & GRANATEN
BODEGRAVEN, SÜDHOLLAND, NIEDERLANDE

Im Fadenkreuz von Amsterdam im Norden, Rotterdam im Süden, Den Haag im Westen und Utrecht im Osten liegt das beschauliche Bodegraven. Hier gründete Menno Olivier, der einst als Heimbrauer begonnen hatte und an der Stadsbrouwerij De Pelgrim in Rotterdam tätig war, seine Brouwerij De Molen. Gemütlich und ländlich geht es hier zu, aber was Olivier in seinen Braukesseln anrührt, ist ganz harter Stoff. *Bloed Zweet & Tranen* (Blut, Schweiß & Tränen), *Hamer & Sikkel* (Hammer & Sichel), *Heaven & Hell* (Himmel & Hölle), *Heksen & Trollen* (Hexen & Trolle), *Hel & Verdoemenis* (Hölle & Verdammnis) oder *Hop & Liefde* (Hopfen & Liebe) heißen die experimentellen, extremen, oft hochprozentigen, immer schwergewichtigen Kreationen.

Das schwerste Geschütz ist eindeutig **Bommen & Granaten** (Bomben & Granaten), ein Barley Wine – ein englischer Weinersatz aus Hopfen, Malz und Hefe. Im Glas tummeln sich flockige Schwebeteilchen im rotbraunen Sud – ein bisschen wie das Depot eines großen Weins. In die Nase steigt malzig-süßer Portweinduft, dem man sofort auf den Grund gehen möchte. Was dann auf der Zunge explodiert, ist tatsächlich gefühlter Süßwein. Röstaromen und reife Pflaumen prägen unglaublich zart und harmonisch das Geschmacksbild. Trotz seines bombigen Alkohols ist Bommen & Granaten nicht einen Hauch likörig, beißend oder alkoholisch, sondern von der Muse der Braukunst geküsst.

Bommen & Granaten (Barley Wine-ish)

Brauart: Barley Wine
Stammwürze: 32 ° Plato
Bittereinheiten: 30 IBU
Hopfen: Columbus, Saazer
Malz: Pilsener, Karamell
Alkohol: 15,2 % vol.

BROUWERIJ
DE MOLEN
Bommen &
Granaten
Barley Wine-ish
www.brouwerijdemolen.nl
Ingredients: water,
barley malts (pils, caramel),
bitter hops (columbus, saaz),
top fermenting yeast.
Keep cool and dark.
Recommended drinking temperature 12° C.
8 717624 421143
BROUWERIJ
DE MOLEN

DE STRUISE

PANNEPOT
OOSTVLETEREN, WESTFLANDERN, BELGIEN

Pannepot

Brauart: Belgian Strong Dark Ale

Bittereinheiten: 27 IBU

Hopfen: Bramling Cross, Hallertauer Mittelfrüh

Alkohol: 10 % vol.

Die Trappistenbrauerei der Abtei Sankt Sixtus in Westvleteren ist bierweltberühmt. Nur einen Katzensprung entfernt, auf der anderen Seite des Kleinstädtchens, macht den Mönchen seit 2006 De Struise Konkurrenz. Urbain Coutteau und Philippe Driessens waren stolze Besitzer einer Straußenfarm, damit aber nicht ausgelastet. Ihr Plan: eigenes Bier. Gesagt, getan. Zunächst brauten sie in der heimischen Scheune, ab 2003 in der Brasserie Caulier in Péruwelz, 2006 zogen sie nach Vleteren um, wo sie inzwischen ihre eigene Mikrobrauerei haben.

Das Flaggschiff im wahrsten Sinne des Wortes ist der **Pannepot**, ein lokaler Ausdruck für Fischkutter. Es ist das Bier des alten Fischers, der ein ums andere Mal vor der Küste sein Leben riskiert hat, um den Fang einzubringen und seine Familie zu ernähren. De Struise beschreiben es selbst als Kreuzung aus dunklem belgischem Starkbier und britischem Stout; ob seines opulenten Alkoholgehalts kann man es aber auch bedenkenlos Quadrupel nennen. In jedem Fall ist es ziemlich dunkel, wird von Röstmalzaromen dominiert, die von den mitgebrauten Gewürzen fein umgarnt werden. Man kann Schokolade, Karamell, getrocknete Pflaumen, Rosinen, Feigen schmecken. Ein überwältigend komplexes Bier, das an englische Barley Wines erinnert. Der Pannepot ist ein Jahrgangsbier, von dem es diverse Reserve-Editionen gibt, u.a. in Whisky- und Calvados-Fässern gereift.

PS: Als das Bierbewertungsportal RateBeer 2009 die besten belgischen Biere kürte, war De Struise mit sagenhaften neun Bieren in der Top 100 vertreten. Die Straußenbiere belegten u. a. Platz neun, sechs, drei und zwei – nur Platz eins blieb ihnen verwehrt. Den belegte – ausgerechnet – das *Westvleteren 12* der benachbarten Mönche.

DUVEL MOORTGAT

DUVEL TRIPEL HOP 2016
BREENDONK (PUURS), ANTWERPEN, BELGIEN

1918 folgte Albert Moortgat, Sohn des Jan-Leonard Moortgat, der die gleichnamige Brouwerij 1871 gegründet hatte, seinem Craft-Impuls. Weil er ein englisches Bier brauen wollte, begab er sich nach Schottland und vertiefte sich in die britische Braukunst. 1923 ging das *Victory Ale*, zur Feier des Endes des Ersten Weltkriegs so benannt, in Serie. Seinen endgültigen Namen gab dem Triple-Entente-Tripel jedoch bald der Schumacher Van De Wouwer, der es als „een echte Duvel" bezeichnete und damit den Nagel auf den Kopf traf.

Duvel Moortgat gehört zu den größten Namen sowohl im belgischen als auch US-amerikanischen Qualitätssektor. Liefmans, d'Achouffe und De Koninck in der alten, Boulevard, Ommegang und Teile von Firestone Walker in der neuen Brauwelt gehören zum flandrischen Familienimperium. Seit 2007 legt Moortgat den **Duvel** Triple Houblon (**Tripel Hop**) als Jahrgangsbier auf. Wie das Original mit Saazer und Styrian Golding gehopft, wechselt der Aromahopfen von Jahr zu Jahr. 2012 war Citra an der Reihe, 2013 Sorachi Ace, 2014 Mosaic, 2015 Equinox. 2016 bringt der noch namenlose Experimentalhopfen Nr. 291 Pfeffer, Rose und Lavendel ein.

Der trinitätsgehopfte Duvel ist ein hellblonder Sonnenschein mit Zitrone und frischem Gras in der Nase. Ein schaumgeborenes Frühlingswölkchen von erlesener Bitterkeit, staubtrockener Seifigkeit und metallischer Hefeeleganz – kurz: die perfekte Kreuzung von belgischem Tripel und indischem Westcoast-Bleichgesicht. Noch kürzer: Gottes Werk und Duvels Beitrag.

Duvel Tripel Hop 2016

Brauart: Tripel

Hopfen: Saaz-Saaz, Styrian Golding

Aromahopfen: HBC 291

Alkohol: 9,5 % vol.

ELAV

GRUNGE IPA – SMELLS LIKE BEER SPIRIT COMUN NUOVO, LOMBARDEI, ITALIEN

„Wo man singt, da lass dich nieder, böse Brauer kennen keine Lieder“, könnte man in Anlehnung an Johann Gottfried Seumes Gedicht *Die Gesänge* aus dem Jahr 1804 formulieren. Bei Elav, das seine Unabhängigkeit schon im Namen festgeschrieben hat, ist definitiv Musik im Spiel. In der kleinen Kommune Nuovo vor den Toren Bergamos hat Braumeister Antonio Terzi Birrificio Indipendente Elav gegründet und eine internationale Erfolgsgeschichte geschrieben.

Der italienische Biersommelier Lorenzo Dabove nannte Elav einst *brewdogghini*, in Anspielung auf die schottische Punk-Brauerei. Und tatsächlich sind die gegenkulturellen Musikszenen ein gemeinsamer Bezugspunkt beider Brauereien. Zu den musikaffinen Bieren von Elav gehören *Beat Generation* (Weizen), *Black Metal* (Imperial Stout), *Indie Ale* (Amber Ale), *Progressive* (Barley Wine), *Punks Do It Bitter* (Best Bitter), *Techno* (Double IPA) sowie *No War* (Rye IPA), ein jamaikanischer Reggae-Friedensappell. Und eben das **Grunge IPA – Smells Like Beer Spirit**, eine Hommage in Hopfen und Malz an Kurt Cobains Nirvana. Der bernsteinfarbene bis rotbraune Sud duftet milde nach Marzipan, legt aber spätestens auf der Zunge alle Zurückhaltung ab. Das Grunge IPA entpuppt sich schnell als würzige Explosion, in die sich kompromisslos bittere Obertöne drängeln. Herbe Kräuter und harzige Kiefer sind im Karamellmalzbett bestens aufgehoben und werden von allerlei Anklängen umspielt, die von Mandarine bis Toastbrot, von Orangenschale bis Karamellbonbon reichen.

Grunge IPA

Brauart: American India Pale Ale

Hopfen: Columbus, Cascade, Centennial, Amarillo

Malz: Pale, Crystal

Alkohol: 6,3 % vol.

MALT
CRYS
BIRRIFICIO INDIPENDENTE ELAV
GRUNGE
IPA
SMELLS LIKE
BEER SPIRIT

EVIL TWIN

IMPERIAL BISCOTTI BREAK
NEW YORK, USA

Imperial Biscotti Break
Brauart: Imperial Stout
Alkohol: 11,5 % vol.

Als Mikkel Borg Bjergsø, der Kopf von Mikkeller, 2005 mit dem *Beer Geek Breakfast* für Wirbel in der Craft-Bier-Welt sorgte, arbeitete ihm sein Zwillingsbruder, Jeppe Jarnit-Bjergsø, hinter den Kulissen zu, nicht zuletzt mit dem Vertrieb über seine Ølbutikken in Kopenhagen. Ab 2010 trat er dann selbst ins Rampenlicht, als er unter dem Alias Evil Twin begann, ebenso hochwertige wie außergewöhnliche Biere zu kreieren. Man ist geneigt zu vermuten, die Bjergsø-Brüder seien eineiige Zwillinge, denn die Überschneidungen sind eklatant: Beide waren Lehrer, sind Gypsy-, Phantom- oder Wanderbrauer, haben also keine eigene Brauerei, und sind ausgewiesene Spezialisten für Stouts.

Des bösen Zwillings preisgekrönte Meisterwerke sind die beiden Imperial Stouts *Even More Jesus* und **Imperial Biscotti Break** sowie ihre zahlreichen Varianten. Dieses wie jenes erblickten bei Westbrook Brewing in Mount Pleasant, South Carolina, das Licht der Welt, für letzteres kamen Kaffeebohnen von Charleston Coffee Roasters in den Braukessel. Das Imperial Biscotti Break wurde einem interessierten Publikum Mitte 2011 im Rahmen einer fünftägigen Bierkreuzfahrt von Rom nach Barcelona eingeschenkt und erlangte in der Folge Weltruhm. Es ist gedacht für eine nachmittägliche mediterrane Kaffeepause mit Biscotti bzw. Cantuccini, mit italienischem Mandelgebäck also. Erstaunlich dezent bleibt der Kaffeegeschmack, während süße Kakaonoten, Vanille, dunkle Schokolade sowie eine gewisse Röstmalz- und Hopfenbittere dominieren und delektieren.

EVILTWIN
BREWING
IMPERIAL
BISCOTTI
BREAK
1 PT 6 FL. OZ. IMPERIAL STOUT
Distributed by TWELVE PERCENT LLC

FIRESTONE WALKER

UNION JACK IPA
PASO ROBLES, KALIFORNIEN, USA

1996 gründeten der Bär und der Löwe eine Brauerei. Der Bär ist Adam Firestone, ein Urenkel von Harvey Firestone, der 1900 den gleichnamigen, weltbekannten Reifenhersteller gründete. Der Löwe ist Firestones Schwager, der gebürtige Engländer David Walker. Warum Bär und Löwe ihre Wappentiere sind? Weil im englischen Wappen drei Löwen prangen, während ein Braunbär die Staatsflagge Kaliforniens ziert. Zunächst auf dem Firestone'schen Weingut im Santa Barbara County beheimatet, siedelte Firestone Walker 2001 nach El Paso de Robles um. Umgeben von Olivenhainen und Mandelplantagen, setzt Braumeister Matt Brynildson stets hochklassige, immer gut trinkbare Sude an, die viele Auszeichnungen und die Gunst unzähliger Connaisseurs erobert haben.

Auch das **Union Jack IPA** ist eine transatlantische Affäre. Auf dem Etikett dient die britische Nationalflagge als Aufhänger für eine rote Hopfendolde, und es sei daran erinnert, dass das India Pale Ale ursprünglich eine englische Erfindung war. Andererseits ist das Union Jack ein typischer Vertreter der Westcoast-IPAs, eine pazifische Hopfenbrise und -bombe von erlesener Güte. Es strahlt golden, hat reichlich Hopfen und Fruchtnoten in der Nase, ist äußerst vollmundig, wunderbar aromatisch und herrlich bitter. Ein sehr intensives, aber keineswegs extremes IPA, dem man seine Geschmacksknospen bedenkenlos anvertrauen kann.

Union Jack IPA

Brauart: India Pale Ale

Bittereinheiten: 70 IBU

Hopfen: Magnum, Cascade, Centennial

Kalthopfen: Amarillo, Cascade, Centennial, Citra, Chinook, Simcoe

Malz: Premium Two-Row, Münchner, Carapils, Simpson's Light Crystal

Alkohol: 7,5 % vol.

FIRESTONE WALKER
FIRESTONE WALKER
BREWING COMPANY
FIRESTONE
UNION JACK
IPA
INDIA PALE ALE
FIRESTONE WALKER
BREWING COMPANY

FLYING DOG

DOGGIE STYLE
FREDERICK, MARYLAND, USA

Flying Dog gehört zu den Urgesteinen der amerikanischen Craft-Bewegung. 1990 von George Stranahan und Richard McIntyre im mondänen Wintersportort Aspen, Colorado, in den Rocky Mountains gegründet, ist die Brauerei heute im Osten, in unmittelbarer Nähe zu Washington, beheimatet. Über den Namen kursiert eine Story, die nicht nur ausgedacht klingt, sondern es sicherlich ist: Stranahan, McIntyre und ein paar Freunde wollten 1983 den K2, den zweithöchsten Gipfel des Himalayas, besteigen. Unter völlig unglaubwürdigen Umständen musste die Gruppe auf halbem Weg umdrehen. Heil zurück in der Hotelbar, sahen sie ein Ölgemälde mit einem Hund, der zu fliegen schien. Garantiert keine Räuberpistole ist die zweite Story: Ein Nachbar und Freund von Stranahan war der Schriftsteller und *Gonzo*-Journalist Hunter S. Thompson, Autor des Romans *Fear and Loathing in Las Vegas* (1971). Thompsons Illustrator war Ralph Steadman, der seit 1995 die immer verrückten, oft kontroversen Etiketten für Flying Dog gestaltet.

Doggie Style

Brauart: American Pale Ale

Bittereinheiten: 35 IBU

Hopfen: Northern Brewer, Cascade, Simcoe, Citra

Malz: 120 L Karamell

Hefe: American Ale

Alkohol: 5,5 % vol.

Flying Dog ist berühmt für seine Pale Ales. Das preisgekrönte Klassiker ist das **Doggie Style**, das nach Holunderblütenparfum duftet und stark gehopft, frisch, bitter, trocken, spritzig Zunge und Gaumen kitzelt, unterbaut von einem zurückhaltend karamelligen Malzkörper. Oder kurz gesagt: das prototypische Pale Ale der amerikanischen Craft-Szene.

FLYING DOG
DOGGIE STYLE
PALE ALE

FYNE ALES

SANDA BLACK IPA
CAIRNDOW, ARGYLL, SCHOTTLAND

Am Loch Fyne, einem Fjord an der schottischen Westküste, gründeten Jonny und Tuggy Delap im Jahr 2000 Fyne Ales. Ihr erstes Bier, das *Highlander*, eine bittersüße Liaison von Karamell und Zitrone, benannten sie nach den Schottischen Hochlandrindern, mit deren Zucht sie gleichzeitig begannen. Das Leben in der, mit der und für die Natur steht bei Fyne Ales im Zentrum: Die Brauerei engagiert sich für die bedrohten Lachsbestände im nahen River Fyne, pflegt die Rotwildbestände in den umliegenden Hügeln und betreibt die Wiederaufforstung von Laubbäumen. Die beiden Sanda-IPAs sind zwei Leuchttürme: Vor dem Mull of Kintyre, der Südspitze der gleichnamigen Halbinsel liegt die kleine Insel Sanda – 127 herb-romantische Hektar Schottland. Nachdem hier 1825 die Christiana mit Mann und Maus untergegangen war, entschied man sich zum Bau eines Leuchtturms, der ab 1850 den Seefahrern leuchtete.

Das **Sanda Black** ist eine interessante Kreuzung aus India Pale Ale und Stout. Es ist schwarz, bedeckt von einem typischen Stout-Teppich, duftet bitter-hopfig und erweist sich als ungemein gut trinkbar. Die IPA-typische Hopfenaromatik wird wunderbar kombiniert und harmonisiert mit Stout-typischen Kaffee- und Herrenschokolade-Obertönen. Ein angenehm trockener Trunk, der ungemein viel Geschmack in sich konzentriert – und das bei vergleichsweise harmlosen 5,5 Prozent.

Sanda Black IPA

Brauart: India Pale Ale

Bittereinheiten: 45 IBU

Hopfen: Citra, Nelson Sauvin

Malz: Maris Otter Pale, Crystal, Carafa Special 3, Black, Weizenmalz

Alkohol: 5,5 % vol.

FYNE ALES
SCOTLAND
FYNE ALES SCOTLAND
OUTSTANDING CRAFT BEER
SANDA
BLACK
BREWED
IPA
BY HAND

FYNE ALES
OUTSTANDING CRAFT BEER
SANDA
BLONDE
IPA

GRUTHAUS

ÜBERWASSER-ALT
MÜNSTER, WESTFALEN, DEUTSCHLAND

Gleich hinter dem Historischen Rathaus am Prinzipalmarkt stand ehedem das Gruthaus, in dem schon im 13. Jahrhundert Bier gebraut und das 1867/68 abgebrochen wurde. Seit 2011 hat Münster wieder ein Gruthaus: Philipp Overbergs gleichnamige Brauerei. In Ermangelung einer eigenen Braustätte werden seine sehr münsterländischen Rezepte allerdings auswärts umgesetzt, hauptsächlich in Liebharts Privatbrauerei zu Detmold.

Grut war einst die Kräutermischung, die das Bier würzte, bis im 13. Jahrhundert langsam, aber sicher die Ära des Hopfens begann. 2015 erinnerte Overberg mit dem *Myrica Gale 1480*, einem Grutbier mit Gagel, Wacholder und Kümmel, an die uralte Braukunst. Die beiden Hähne im Gruthauskorb sind der *Pumpernickel Porter*, mit dem typisch westfälischen Schwarzbrot sowie Roggenmalz gebraut. Und das nach der Münsteraner Kirche benannte und auf die eigene Obergärigkeit anspielende **Überwasser**, ein Helles **Alt**, wie es ehedem für die Stadt typisch war, von dem es heute aber lediglich zwei Exemplare gibt: das *Pinkus Original* und eben das Überwasser. Letzteres ist – wegen der teils milchsauer vergorenen Würze – extrem frisch, wunderbar spritzig und strahlend zitronensonnig. Und exzellent mit den typischen Craft-Hopfen Citra und Amarillo gehopft, unterbaut von einem delikaten Malzbett. Die Kombination von Milchsäure und Aromahopfen, von Tradition und Moderne, macht das Überwasser zu einem großen Alt. Grutherr Overbeck nennt es ein „retrogardistisches Experiment", ein zugleich aus der Vorzeit des Brauens stammendes und in die Zukunft ausgreifendes Bier, das man sich im Hier und Jetzt auf gar keinen Fall entgehen lassen sollte.

Überwasser-Alt

Brauart: Helles Alt

Stammwürze: 12,5 ° Plato

Hopfen: Citra, Amarillo

Alkohol: 5 % vol.

HANSCRAFT & CO.

BACKBONE SPLITTER
ASCHAFFENBURG, UNTERFRANKEN, DEUTSCHLAND

1909 gründete der Kellermeister Jakob „Hans“ Müller in Neuwied seine Weinhandelsgesellschaft und produzierte vornehmlich Weinbrände, darunter den Klassenprimus *Müller Dreistern*. Ein Jahrhundert später nahm der Urenkel und heutige Biersommelier Christian Müller die Familientradition wieder auf, allerdings im nicht ganz so hochprozentigen Bereich. Zusammen mit Dieter Körner tüftelte er so lange, bis alles passte. Das Resultat, ein heller Bock, wurde 2012 in alte Weinbrandfässer abgefüllt, um den Geist des Weins in sich aufnehmen zu können, und auf den Namen *Müller Dreistern Sommelierbier* getauft.

Wurde der Dreistern noch in der bierweltberühmten Alpirsbacher Klosterbrauerei im Schwarzwald angesetzt, entstehen die Hanscraft-Kreationen seither vorwiegend vor den Toren Aschaffenburgs, im Bürgerliches Brauhaus Wiesen. Mit stylishen Klubbieren wie dem *Bayerisch Nizza Wheat Pale Ale*, dem *Black Nizza Imperial Stout* oder dem *Very White Pornstar* – ein Witbier in Kollaboration mit Mashsee aus Hannover – sprach Müller in der Folge ein hedonistisches Diskoglamourpublikum an. Einen Bruch mit dieser Ästhetik stellt der handgreifliche, grobe **Backbone Splitter** dar. Der Rückgratspalter setzt nicht auf Bitterkeit, sondern ist von Anfang bis Ende extrem wuchtig würzig. Ein herrlich rustikales IPA mit einem vollen Körper aus Karamell und Honig und überbordender Hopfenaromatik.

Backbone Splitter

Brauart: India Pale Ale

Stammwürze: 17,2 ° Plato

Bittereinheiten: 60 IBU

Hopfen: Horizon, Amarillo, Centennial, Simcoe

Malz: Pilsener, Münchner, Wiener, Caraamber

Alkohol: 6,6 % vol.

HANSCRAFT & CO
HC-CO.DE
BACKBONE
SPLITTER
IBU 60
HANSCRAFT & CO.

HARVIESTOUN

OLA DUBH SPECIAL 18 RESERVE
ALVA, CLACKMANNANSHIRE, SCHOTTLAND

1983 gründete Ken Brooker Harviestoun, 1987 zog er in die Scheune eines alten Gehöfts und braute zunächst mit selbst gebasteltem Equipment im ehemaligen Kuhstall. Unter Connaisseurs fanden das *Real Ale, Schiehallion Lager* und *Bitter & Twisted Golden Ale* schnell zahlreiche Anhänger. Im Jahr 2000 setzte Braumeister Stuart Cail das *Old Engine Oil* auf, das auf dem Etikett zunächst als Porter bezeichnet wurde, heute aber Black Ale heißt. Zwei Jahre später wurde es erstmals in Whiskyfässern der Destillerie Dalmore gereift und als *Old Engine Oil Special Reserve* verkauft.

Seit 2007 wird das Motorenöl, inzwischen in der neu erbauten „echten" Brauerei zu Alva, in Fässern der Whiskybrennerei Highland Park, der nördlichsten Schottlands auf der Orkney-Insel Mainland, alchemistisch in **Ola Dubh** verwandelt, was im Gälischen so viel wie schwarzes Öl bedeutet. Drei *Special Reserves* gehören zum ständigen Programm: 12, 16 und 18 Jahre – eine Zahl, die sich nicht auf die Reifezeit des Ola Dubh, sondern auf jene der preisgekrönten Single Malt Scotch Whiskys bezieht. Das torfige Aroma, für das schon der Whisky gerühmt wird, steigt auch aus dem Ola Dubh auf. Der wunderbare Schaum duftet intensiv malzig und deutlich nach Whisky – ein Eindruck, der sich ungebrochen auf der Zunge fortsetzt. Das Ola Dubh liegt herzerwärmend dickflüssig im Glas, wie es sich für Motorenöl gehört, ist im Mund aber ein unglaublich flaumzartes Schaumwölkchen mit einem noch unglaublicheren intensiven, komplexen Aromenspiel – kurz: pures schwarzes Gold.

Ola Dubh Special 18 Reserve

Brauart: Old Ale

Alkohol: 8,0 % vol.

HARVIESTOUN BREWERY
HARVIESTOUN
OLD ENGINE OIL
RICH · BITTERSWEET · VISCOUS
BLACK ALE
alc. 6% vol.
CRAFTED WITH A TWIST
SINCE 1983
HARVIESTOUN BREWERY
HARVIESTOUN
OLA DUBH
ALE MATURED IN WHISKY CASKS
HIGHLAND PARK
BREWED IN SCOTLAND
SPECIAL
18
RESERVE
HEAD BREWER
MASTER OF WOOD
BOTTLE No. & DATE
16372

HITACHINO NEST

ANCIENT NIPPONIA
NAKA, IBARAKI, JAPAN

Die 1823 gegründete Kiuchi Brewery braute und brannte ursprünglich Sake und Shōchū, Reis- und Branntwein, seit 1996 wird dort unter dem Namen Hitachino Nest auch Craft-Bier gemacht. Als erste japanische Craft-Brauerei begann Kiuchi zum neuen Millennium, nach Amerika zu exportieren, und hat längst auch in Europa Fuß gefasst. Das bekannteste Bier mit der prägnanten Eule auf dem Etikett ist das *White Ale*, ein belgisches Witbier, und in das eigensinnig vollaromatisches *Red Rice Ale* fließt die Sake-Tradition ein.

Angeblich wurde das **Ancient Nipponia** bis 2011 obergärig und wird seither untergärig produziert. Dafür spricht, dass es bei den Australian International Beer Awards 2012 als „Lager" eine Medaille gewann und vielfach als Imperial Pilsener bezeichnet wird. Dagegen spricht das Wörtchen „Ale" auf dem Etikett – und dass es stark von einer äußerst feinen, aber präsenten Hefesäure und -würze geprägt wird, die typisch für belgische Golden Strong Ales ist. Wie dem auch sei, der Edelhopfen Sorachi Ace, eine Kreuzung der Aromahopfen Beikei No. 2, Brewers Gold und Saazer, und das Malz Kaneko Golden, eine Neuzüchtung aus Golden Melon und dem japanischen Shikoku, ergänzen sich mit dem Heiligen Geist der Hefe zu einer formidablen Bierdreifaltigkeit. Sanfte, aber wuchtige Zitrusbitterkeit rollt in Wellen in die eine Richtung, ihr entgegen eine raffinierte, feinherbe Honigsüße, während die Hefe das Ancient Nipponia zugleich komplex und rund macht.

Ancient Nipponia
Stammwürze: 19 ° Plato
Bittereinheiten: 30 IBU
Hopfen: Sorachi Ace
Malz: Kaneko Golden
Alkohol: 8 % vol.

NIPPONIA
NI
Hitachino Nipponia
brewed with Japanese
barley 'Kaneko Golden'
'Sorachi Ace' hop which
developed in Japan.
ANCIENT
NIPPONIA
ニッポニア
HITACHINO NEST BEER
常陸野ネストビール

HOPFENSTOPFER

SEASONAL SPECIAL ALE
BAD RAPPENAU, BADEN-WÜRTTEMBERG, DEUTSCHLAND

Im Kurort Bad Rappenau, zwischen Heidelberg und Heilbronn, befindet sich der Gasthof Häffner. 1908 erwarb Jakob Ludwig Häffner die damalige Reichardt'sche Brauerei mit Schankwirtschaft.

1993 ging Thomas Wachno dort als Brauer und Mälzer in die Lehre und blieb dem Traditionshaus bis heute treu. Irgendwann stolperte er über einen Artikel zum Thema Hopfenstopfen, das nachträgliche Kalthopfen mit Aromahopfen. 2008 begann er, seinerzeit noch unter dem Namen Häffner Bräu, das *Hopfenstopfer Jahrgangsbier* zu brauen, 2011 ging er dann unter seinem Alias auf den Markt.

Die vier Hopfenstopfer des Kernsortiments haben es in sich, nämlich besten Aromahopfen bis zum Anschlag und über ihn hinaus: Das *Citra Ale* ist ein goldenes, fruchtig-frisches, zitrusaromatisches Pale Ale; das *Incredible Pale Ale* hat Noten von Ingwer und frischem Koriander und ist ein perfektes Sommerbier; das herb-aromatische *Comet IPA* wartet mit großartigen Bittertönen auf, wie es sich für ein India Pale Ale gehört.

Sein Meisterwerk lieferte Hopfenstopfer jedoch mit dem **Seasonal Special Ale**, für das er den intensiv nach Zitrone, Limette, Grapefruit und exotischen Früchten duftenden Citra-Hopfen, der ihn einst zum Craft-Brauen verführt hatte, wieder aufgreift. Das bernstein- bis kupferfarbene Bier wartet mit einem vollmundigen Malzbett und intensiven, subtil süßen Karamellnoten auf, die von würziger Hopfenbittere perfekt kontrastiert werden, während eine feinperlige Säure beides harmonisch verbindet. Ein noch besseres Verhältnis von Preis und Craft-Leistung wird man lange suchen müssen ...

Seasonal Special Ale

Brauart: Imperial India Pale Ale

Stammwürze: 18,5 ° Plato

Bittereinheiten: 50 IBU

Hopfen: Chinook, Cascade, Citra, Amarillo

Malz: Pilsener, Münchner, Karamell

Alkohol: 8,2 % vol.

KEHRWIEDER KREATIVBRAUEREI

PROTOTYP · HAMBURG, DEUTSCHLAND

„Junge, komm bald wieder, bald wieder nach Haus. Junge, fahr nie wieder, nie wieder hinaus", flehte einst in Freddy Quinns Schlager eine Mutter ihren zur See fahrenden Sohn an. Oliver Wesseloh kehrte 2012 – nach Jahren in der Karibik und in Miami, Florida – wieder zurück nach Hamburg. Der Hamburger Jung tat sich mit Fiete Matthies zusammen, um den gemeinsamen Traum von der eigenen Brauerei zu realisieren. Als Gypsybrauer kreierten sie den **Prototyp**, der in Dänemark, zunächst bei Rækker Mølle, dann im Fanø Bryghus umgesetzt wurde – ein mit Saazer und Simcoe kaltgestopftes Lager, das man für ein Export halten könnte, jedoch erklärtermaßen der Stammvater eines neuen Biertypus sein soll. Süß im Anflug, hält bald eine hefegeborene Zitrussäure dagegen, die sich gewaschen hat. Ein über den Dingen schwebendes Wölkchen von einem Bier, das frühsommerlich frisch feinsten Schaum in die Gaumensegel bläst. Ein feuchter Traum von einem Bier, dem man zurufen möchte: „Kehrwieder!" – und zwar bald.

2013 wurde Wesseloh Weltmeister der Sommeliers für Bier, 2014 sagte Matthies „Tschüs!" und gründete das Wildwuchs Brauwerk, 2015 eröffnete das aus Milchtanks selbst zusammengezimmerte Kehrwieder-Brauhaus. Nichts spricht dagegen, dem Prototyp ein kreatives Bier nach dem nächsten folgen zu lassen. Mit einer Serie von *Shipas* (Single Hop India Pale Ales) hat Wesseloh die hanseatische Braukunft längst eingeläutet …

Prototyp

Brauart: Lager

Stammwürze: 13,8 ° Plato

Bittereinheiten: 25 IBU

Hopfen: Northern Brewer, Perle, Saazer, Simcoe

Malz: Böhmisches Tennenmalz

Alkohol: 5,9 % vol.

KREATIVBRAUEREI
KEHRWIEDER
PROTO
TYP

KONA

CASTAWAY
KAILUA, HAWAII, USA

„Es gibt kein Bier auf Hawaii, es gibt kein Bier, drum fahr ich nicht nach Hawaii, drum bleib ich hier“, sang Paul Kuhn, der Mann am Klavier, 1963. Eine schon seinerzeit völlig unhaltbare These, denn Primo Brewing, das um die Jahrhundertwende gegründet worden war, braute schon damals *Hawai'i's original beer*. Heute sind auf der Inselkette rund 15 Brauereien gestrandet, darunter die weit über den pazifischen Raum berühmte Kona Brewing Company.

Cameron Healy und Spoon Khalsa, Vater und Sohn, gründeten Kona 1994, um typisch hawaiianisches, pazifisch-frisches Bier zu brauen. Anfang 1995 trugen sie die ersten Früchte auf den Markt: das mit dem rheinischen Kölsch verbandelte Golden Ale *Big Wave*, ein herrliches Gischtwölkchen auf der Zunge und ein Sonnenaufgang von einem Bier; und das *Fire Rock*, ein kupfernes Pale Ale, in dem Zitrone und Karamell in heißkalten Lavaströmen zerfließen. 1998 kam das *Longboard Island Lager* hinzu, ein sonniger Surfer-Sud, der alles Meeressalz von den Lippen wäscht. Nach der Eröffnung mehrerer Brewpubs und dem Zusammenschluss mit Redhook Ale und Widmer Brothers zur Craft Brew Alliance gehört Kona heute zu den stärksten Craft-Kräften und braut seine Biere inzwischen auch in Oregon, Washington, New Hampshire und Tennessee.

Das **Castaway** wäre ein großartiges Westküsten-IPA, würde es nicht knapp 4000 Kilometer vor der Küste Kaliforniens das pazifische Licht erblicken. Es erstrahlt sonnig blond und klar, trägt Holunderblüten im Haar und tropische Früchte um die Hüften. Kräuter und Kiefernnadeln lassen einen herben Seewind aufkommen, der den Schiffbrüchigen sicher an Land geleitet. Liquid Aloha!

Castaway

Brauart: India Pale Ale

Stammwürze: 14,3 ° Plato

Bittereinheiten: 50 IBU

Hopfen: Galaxy, Citra, Simcoe, Millennium

Malz: Pale, Karamell

Alkohol: 6 % vol.

KŒHN KUNZ ROSEN

MYSTIQUE IPA
MAINZ, RHEINHESSEN, DEUTSCHLAND

Im Jahr 1477 heirateten auf Schloss Ten Walle in Gent Maximilian I. von Habsburg, der drei Jahrzehnte später zum Kaiser des Heiligen Römischen Reichs gekrönt werden sollte, und Maria von Burgund, die Tochter Karls des Kühnen. Aus der Zweckverbindung zwischen den Häusern Habsburg und Burgund soll bald eine große Liebe entflammt sein. Nachdem Maria mit nur 25 Jahren, in der Blüte ihrer vielgerühmten Schönheit, nach einem Reitunfall bei der Falkenjagd starb, kam es zum Burgundischen Erbfolgekrieg, in dessen Verlauf Maximilian 1488 im flandrischen Brügge in Gefangenschaft geriet. Kunz von der Rosen, sein kœhner Hofnarr, drang, als Priester verkleidet, in den Kerker vor, um ihm durch Kleidertausch die Flucht zu ermöglichen, doch der Herrscher lehnte dieses Ansinnen als unehrenhaft ab und harrte aus, bis ihn die Truppen seines Vaters befreiten.

In Maximilians Amtszeit als Kaiser fiel das berühmte Jahr 1516, das heute als Geburtsdatum des deutschen Reinheitsgebots gilt. Kœhn Kunz Rosen interpretieren das angeblich älteste Lebensmittelgesetz erfrischend kœhn. Ihr Dortmunder Export *Kerlig Hell* hält sich zwar an die Regeln, aber in das *Kœhne Blonde*, ein belgisches Witbier, finden Orangenschalen, Koriandersamen und Paradieskörner, und ihr dunkler Bock *Festland* erhält durch Tonkabohnen sein eigenwilliges Aroma. Dem mit Weizenmalz gebrauten **Mystique IPA** geben Kamutflocken aus Khorasan-Weizen eine gewisse Samtigkeit. Ihm entsteigt ein Duft von tropischer Maracuja, und auch auf der Zunge geben fruchtige Aromen zunächst den Ton an, bis sie von immer stärker aufbrandenden würzig-aromatischen Bitterwellen hinweggespült werden wie Spuren im Meeresstrand.

Mystique IPA

Brauart: Weizen India Pale Ale

Hopfen: Amarillo, Cascade, Crystal, Summit

Malz: Pale Ale, Carahell, Caraamber, Weizenmalz

Alkohol: 6,5 % vol.

LAUGAR

AUPA TOVARISCH
GORDEXOLA, BIZKAIA, SPANIEN

Fünf Freunde um den späteren Braumeister Eneko Neira begannen um 2010 in Barakaldo, Bier zu brauen. Ab 2013, spätestens 2014 wurde aus der Freizeit- eine Vollzeitbeschäftigung, jetzt in Gordexola, ein paar Kilometer südwestlich von Bilbao. Das erste Bier der Basken war das *EPA!* oder *Euskal Pale Ale*. Laugar gehören damit zur Vorhut der spanischen, pardon, baskischen Craft-Bewegung. Die fünf Jungbrauer diskutieren heißblütig um Bierbewertungsportale, wo sich Brauereien selbst loben, um im Ranking nach oben zu steigen, und zweifeln am Sinn dieses mitunter falschen Spiels. Sie vermeiden die Orientierung an solchen mehr oder weniger ernst zu nehmenden Seiten, denn sie wollen nur eins sein: ehrlich, aufrichtig und sie selbst.

Aupa ist eine baskische Begrüßung, *Tovarisch* russisch für Kamerad. Die rote Armee der Schädel, die sich auf dem Etikett todesmutig zeigt, könnte mit der Russischen Revolution, dem Spanischen Bürgerkrieg oder der baskischen Unabhängigkeitsbewegung zu tun haben – vielleicht ist aber auch die Entscheidungsschlacht gegen das schlechte Bier gemeint. Wie dem auch sei, dem sehr, sehr schwarzen **Aupa Tovarisch** entströmen Kakao, bittere Schokolade, dunkles Karamell und ein Hauch Vanille. An kräftig gerösteten Malzen ist hier sicherlich nicht gespart worden, und daraus ergibt sich ein sehr dichtes Geschmacksbild mit viel Schokolade, etwas Espresso, einem Hauch Rosinen und Brandy. Ein ausgezeichneter baskischer Beitrag zur britisch-russischen Bierdiplomatie, den man sich gerne auf der Zunge zergehen lässt …

Aupa Tovarisch

Brauart: Russian Imperial Stout

Bittereinheiten: 40 IBU

Alkohol: 11,3 % vol.

AUPA
TOVARISCH
RUSSIAN IMPERIAL STOUT
LAU
GAR

LEFT HAND BREWING

GOOD JUJU
LONGMONT, COLORADO, USA

1990 bekam Dick Doore von seinem Bruder ein Heimbrauset geschenkt, drei Jahre später gründete er mit Studienkollege Eric Wallace die Indian Peaks Brewing Company. Bald stellte sich heraus, dass eine Brauerei mit diesem Namen bereits existierte, und Doore und Wallace schwenkten auf Left Hand um – benannt nach dem linkshändigen Arapaho-Häuptling Chief Niwot, der 1864, zur Zeit des Goldrauschs von Colorado, zu den Opfern des Sand-Creek-Massakers gehörte.

Im sonnenverwöhnten, fahrradfreundlichen Longmont, nördlich von Denver und am Fuße des Rocky-Mountain-Nationalparks, hat sich eine vitale Craft-Szene entwickelt. Left Hand gehört heute zu den 50 größten Brauereien der Vereinigten Staaten, ist lokal aber lediglich die Nummer zwei hinter der Oskar Blues Brewery. Zu den bekanntesten und höchstprämierten mit Links gebrauten Bieren gehören das *Sawtooth Amber Ale*, der Erstgeborene des Hauses, der 1994 das Licht der Welt erblickte, sowie das *Milk Stout*, ein freundlicher Vertreter seiner Zunft mit milchschokoladigem Timbre und feiner Säure.

Das mit Ingwer gebraute, nach Ingwer duftende und nach Ingwer schmeckende **Good Juju** ist keineswegs das, was man normalerweise ein Ingwerbier nennen würde – denn dabei handelt es sich in der Regel um alkoholfreie, penetrant süße Limonade. Good Juju ist dagegen frisch, frischer, am frischesten, ein gigantischer Durstlöscher, perfekt für heiße Sommernächte am Lagerfeuer unter sternenklarem Präriehimmel. Fraglos guter Zauber und, wie zwischen den klappernden Zähnen geschrieben steht, eine erfrischende Frivolität. Höchste Zeit, Linkshänder zu werden!

Good Juju

Brauart: Pale Ale/Gewürzbier

Bittereinheiten: 20 IBU

Hopfen: Centennial, Goldings, Sterling

Malz: Pale 2-row, Münchner, Crystal

Jenseits des Reinheitsgebots: Ingwer, Gerstenflocken

Alkohol: 4,5 % vol.

LERVIG

3 BEAN STOUT
STAVANGER, ROGALAND, NORWEGEN

Seit 1855 hatte die Tou bryggeri Stavanger mit Bier versorgt. 1990 wurde sie von Ringnes, der größten Brauerei des Landes, gekauft und die Produktion 2003 nach Oslo verlegt. Noch bevor jedoch bei Tou die Lichter endgültig ausgingen, wurden sie bei Lervig erstmals angestellt. In der alten Produktionsstätte von Tou veranstaltet Lervig heute übrigens ein Craft-Bier-Festival.

2010 übernahm der US-Amerikaner Mark Murphy die Regie an den Braukesseln. Mit ihm konzentrierte sich die Lervig Aktiebryggeri zunehmend auf Craft-Spezialitäten und Kollaborationen mit anderen Brauern aus aller Herren Länder. Anfang 2016 gehörten sieben Kollaborationsbiere – mit Magic Rock und Redchurch aus England, den dänischen Zwillingen Mikkeller und Evil Twin sowie Boneyard aus Oregon – zur Angebotspalette. Darunter auch *Sauer'd Krauts*, zusammen mit den Hamburgern von Buddelship, das mit Mango-Ananas-Sauerkraut aromatisiert wird. Und eben das **3 Bean Stout**, zusammen mit der Cervejaria Way aus Pinhais bei Curitiba. Vor allem die Tonkabohne, die an Vanille, Karamell, Mandeln, Marzipan, Süßholz und Zimt erinnert, verleiht dem brasilianisch-norwegischen Stout ein charakteristisches Aroma. Moderat süß-herb abgestimmt, ist das 3 Bean Stout ein hochprozentig-vollmundiges Vergnügen – ein Weihnachtsstout sowohl für den Polarkreis als auch den tropischen Regenwald.

3 Bean Stout

Brauart: Imperial Stout
Stammwürze: 30 ° Plato
Bittereinheiten: 30 IBU
Hopfen: Aurora, Hersbrucker
Malz: Pale, Karamell, Röstmalze
Jenseits des Reinheitsgebots: Tonka- und Kakaobohnen, Vanille
Alkohol: 13 % vol.

COLLABORATION BREW
LA
LERVIG AKTIEBRYGGERI
330 ML
3 BEAN STOUT
13 %
TONKA, VANILLA AND COCO BEANS

MAISEL & FRIENDS

JEFF'S BAVARIAN ALE
BAYREUTH, OBERFRANKEN, DEUTSCHLAND

Die Brauerei Gebr. Maisel KG wurde 1887 im oberfränkischen Bayreuth gegründet. 1955 beschloss Fritz Maisel, als die Weißbierkonjunktur die Talsohle durchschritt, die Einführung eines ebensolchen, das zunächst auf den Namen Champagner-Weizen hörte. Noch heute gehört *Maisel's Weisse* zu den Prachtexemplaren seiner Zunft. Seit 2012 bedient die Traditionsbrauerei unter dem Markennamen Maisel & Friends auch das Craft-Segment. Neben Sessionbieren, Kooperationen und Experimentalsuden werden drei sogenannte Signature-Edelbiere angeboten, die nicht von schlechten Eltern sind: *Stefan's Indian Ale*, ein extrem harziges, honigwürziges India Pale Ale mit bayerischer Note und *Marc's Chocolate Bock*, ein feinherbes irisches Stout.

Neben IPA und Stout, den beiden klassischen englischen, unter Craft-Brauern so beliebten Starkbieren, ist das dritte im Bunde – natürlich – eine

Jeff's Bavarian Ale

Brauart: Hefeweizen

Stammwürze: 16,7 ° Plato

Bittereinheiten: 32 IBU

Hopfen: Hallertauer Aroma- und Bitterhopfen, Australischer Aromahopfen

Malz: Weizen-, Gerste- und Spezialmalze

Alkohol: 7,1 % vol.

Hefeweiße: **Jeff's Bavarian Ale**. Und selbstredend ist die Weiße Chefsache, nämlich Jeff Maisels Komposition. Das dunkelblonde Ale greift offensiv fruchtig-säuerlich an, dahinter, sozusagen aus der Hefe-Etappe, schleichen sich Noten von würziger, halbreifer Banane an, gespickt mit Lorbeer, Nelken und exotischen Gewürzen. Und bavarian hin, bavarian her, Jeff's Ale hat ganz sicher auch einen belgischen Touch, denn das, was man die „Hefeführung" nennen könnte, trägt unverkennbar genialische flämisch-wallonische Züge.

Jeff's Bavarian Ale
MAISEL & FRIENDS
MAISEL & FRIENDS
BIERE VON STARKEM CHARAKTER
Jeff's Bavarian Ale
UNSERE STÄRKSTE LIEBESERKLÄRUNG AN BAYERN
7,1 % alc.

MEANTIME

CHOCOLATE PORTER
LONDON, ENGLAND

1999 gründete Alastair Hook Meantime im Londoner Stadteil Greenwich, im April 2000 erblickte mit dem *Union Beer* der erste Trunk der Jungbrauerei das Licht der Welt, und damit begann der meteoritengleiche Aufstieg in die erste Craft-Liga. 2001 eröffnete Meantime seinen ersten Pub *The Greenwich Union*, 2006 schufen sie mit dem *Coffee Porter* das erste Fair-Trade-Bier der Insel. 2010 dann der größte Coup: Nicht nur wurde der Grundstein zur neuen Brauerei an der Blackwell Lane gelegt, sondern auch *The Old Brewery* – zugleich Bar, Restaurant und Brauerei – im Old Royal Naval College feierlich eröffnet. Das opulente barocke Bauwerk, das seit 1997 zum UNESCO-Weltkulturerbe gehört, beherbergte zwischen 1450 und 1860 eine Brauerei, und im Park dahinter befindet sich das Royal Greenwich Observatory. Dort wurde ehedem die Greenwich Mean Time gemessen, die mittlere Sonnenzeit am Nullmeridian, und so wird in Großbritannien noch heute die Zeitzone der Westeuropäischen Zeit genannt.

Der mit vier Malzsorten angesetzte und während der Reifung mit Schokolade geimpfte **Chocolate Porter** entströmt schwarz, aber durchscheinend einer Art Balsamico- oder Miniatur-Champagner-Flasche und trägt einen schönen Schaumteppich, aus dem extreme Kakaoduftwolken nach oben steigen. Er schmeckt, wie sollte es anders sein, markant nach dunklem Kakao und moderat bitterer Schokolade. Sein perfekt getimter, nicht zu süßer, nicht zu bitterer Malzkörper ist zugleich weich und würzig und lädt dazu ein, noch ein wenig in der Meantime zu verweilen.

Chocolate Porter

Brauart: Baltic Porter

Alkohol: 6,5 % vol.

MEANTIME
LONDON
MEANTIME
CHOCOLATE PORTER

MIKKELLER

BEER GEEK BREAKFAST
KOPENHAGEN, DÄNEMARK

Der Bierraum, unendliche Weiten. Dies sind die Abenteuer des Phantombrauers Mikkeller, der unterwegs ist, um fremde Hopfensorten zu erforschen, unbekannte Malzvarianten und neue Hefestämme. Viele Bierjahre von der Erde entfernt dringt der heimatlose Brauer in Aromadimensionen vor, die kein Mensch zuvor hat verkosten dürfen.

Beer Geek Breakfast

Brauart: Oatmeal Stout

Hopfen: Centennial, Cascade

Malz: Pilsener, braunes, Hafer-, Rauchmalz, Caramünch, Pale Chocolate, Chocolate

Jenseits des Reinheitsgebots: Kaffee, Haferflocken

Alkohol: 7,5 % vol.

Mikkel Borg Bjergsø war Lehrer. Mathe und Physik. Es gibt Aufregenderes. Brauen beispielsweise. Mit Jugendfreund Kristian Keller begann er, fremde Biere zu klonen, verlor bald achtern die Vorbilder aus dem Blick, geriet in experimentellere Gewässer und ließ alle Gesetze des Brauens hinter sich. **Beer Geek Breakfast** war 2006 der Auftakt eines kometenhaften Aufstiegs. Während Keller 2007 auf den journalistischen Weg zurückkehrte, wurde Bjergsø, der radikale Autodidakt und überzeugte Gypsy-Brauer, zum Popstar der Craft-Bewegung. Er braut nicht, wie langweilig, sondern erfindet Biere. Viele. Unglaublich viele. Eins nach dem nächsten.

Die Beer Geek-Familie ist von erstaunlicher Fertilität. Das Breakfast hat eine Reihe von fassgereiften Abkömmlingen, von Sherry mit Himbeeren bis Calvados mit Kirschen, die drei Neffen Vanilla, Cookie und Cocoa Shake sowie einen mexikanischen Onkel mit Schokolade und Chili. Eine zweite Abstammungslinie – die *Brunch Weasel* – besteht aus allesamt zweistelligen Imperial Stouts.

Haferflocken machen das Beer Geek Breakfast weich und cremig, Kaffeebohnen geben ihm Tiefe. Bedeckt von einer reichen beigen Crema, blinzelt das erste Stout des Tages verschlafen aus der Tasse. Espresso, Bitterschokolade, Rauch, Nüsse, Karamell und Rosinen steigen in die Nase und laden dazu ein, an der reich gedeckten Frühstückstafel Platz zu nehmen.

NØGNE Ø

ASIAN PALE ALE
GRIMSTAD, AUST-AGDER, NORWEGEN

In seinem ersten Leben flog Kjetil Jikiun regelmäßig über den großen Teich – als Pilot von Scandinavian Airlines. Amerikanische Craft-Biere wurden seine Passion. Zu Hause in Norwegen gab es nichts Adäquates, und so fing er bald an, Hopfenpellets und Bierhefen zu „schmuggeln". 2002 gründete er Nøgne Ø, benannt nach einem Ausdruck aus Henrik Ibsens Ballade Terje Vigen, der so viel bedeutet wie *Nackte Insel*, die vor der Küste bei Grimstad keine Seltenheit sind. Jikiun gab Nøgne Ø den Untertitel Det Kompromissløse Bryggeri – Die kompromisslose Brauerei. Eine mehr als zutreffende Bezeichnung, denn eins sind seine Biere immer – extrem eigensinnig.

Braumeister Kjetil, ein ungemein gemütlicher und freundlicher Waldschrat mit Zöpfen im Rauschebart, braut nicht, was anderen schmecken könnte, sondern nur, was dem Brauwikinger selbst mundet. Nicht selten sind seine Kreationen mit einer Überdosis Hopfen geimpft und von einer Bitterkeit geprägt, die einem den Atem raubt und die Sprache verschlägt. Harte Bretter, für die begeisterte Hardcore-Crafties aber ihr letztes Hemd geben.

Das **Asia Pale Ale** ist ein Nøgne Ø für Einsteiger. Ein mittelblondes Pale Ale, das nach Zitronengras duftet und sich mild und freundlich gibt, nicht besonders bitter ist, aber deutlich herb, geprägt von seifigem Koriander, einem ordentlichen Schuss Limette und der Bitterkeit der Bergamotte. Eine leichte, „asiatische" Süße stellt sich später ein und rundet das APA ab.

Apropos Asien: Nøgne Ø braut auch Sake, keinen japanischen Sake, sondern norwegischen Jikiun-Sake – kompromissløs.

Asian Pale Ale

Brauart: Pale Ale

Stammwürze: 10 ° Plato

Bittereinheiten: 10 IBU

Hopfen: Pacifica, Cascade, Nelson Sauvin

Malz: Gersten-, Weizen- und Roggenmalz

Jenseits des Reinheitsgebots: Zitronengras, Bitterorangenschale, Bergamotteblätter

Alkohol: 4,5 % vol.

NORTH COAST

BROTHER THELONIOUS
FORT BRAGG, KALIFORNIEN, USA

Brother Thelonious

Brauart: Belgian Strong Dark Ale

Bittereinheiten: 27 IBU

Alkohol: 9,4 % vol.

North Coast gehört zu den Pionieren der Craft-Bewegung. Im kleinen Küstenstädtchen Fort Bragg im Mendocino County, das wegen seines malerischen Pazifikblicks ein Touristenmagnet ist, brauen Mark Ruedrich und Co. seit 1988 bestes Bier. Ihr *Old Rasputin*, ein Russian Imperial Stout, ist ein grandioses sibirisches Malz-und-Hopfen-Monster, extrem ausdrucksstark und tiefgründig, Rasputin eben. Berühmt ist ihr *Old Stock Ale*, ein gewaltiges, lange gereiftes Superstarkbier, ähnlich einem Barley Wine und in Richtung Portwein gehend.

North Coast ist dem amerikanischen Jazz verbunden. Die Brauerei unterstützt das Thelonious Monk Institute of Jazz in Washington, das berühmte Monterey Jazz Festival sowie das American Jazz Museum in Kansas City. Mit dem Brother setzen sie Thelonious Monk, einem der eigenwilligsten und fraglos größten Jazzpianisten, ein Denkmal. Sinnigerweise mit einem belgischen Mönchsbier, auf dessen Etikett Bruder Monk einen aus einer Klaviatur geformten Heiligenschein trägt und einen Schädel zum Zeichen der Vergänglichkeit hält.

Brother Thelonious ist farblich ein dunkelroter Cognac, der nach Zitrus und roten Früchten duftet. Er prickelt frizzante im Glas und auf der Zunge, entfaltet irgendwo zwischen Sherry und Johannisbeeren sein raffiniertes Aromenspiel. Er ist dabei ein sehr sanfter Likör, in dem die Süße des Malzes von rottraubigen Säurenoten glänzend gebändigt wird. Eine herb-frische pazifische Brise tut das ihre für ein perfektes Bier.

Series
BROTHER
THELONIOUS
belgian
style
abbey
ale
12 FL. OZ.
supporting jazz education
Series
BROTHER
THELONIOUS
belgian
style
abbey
ale

OUD BEERSEL

OUDE GEUZE VIELLE
BEERSEL, FLÄMISCH-BRABANT, BELGIEN

Oud Beersel ist eine der vielen Geschichten vom Untergang höchster handwerklicher Braukunst – und zugleich eine der wenigen mit einem glücklichen Ende, denn das bis dato letzte Kapitel erzählt von ihrer triumphalen Wiedergeburt. Henri Vandervelden gründete Oud Beersel 1882, sein Sohn Egidius modernisierte die Lambic-Brauerei, Enkel Henri II. setzte wieder ganz auf Tradition. 1991 zog er sich zurück, und da sein Sohn keinerlei Ambitionen zeigte, die Familientradition fortzuführen, übernahm ein Neffe. In einer Zeit, da Lambic-Verschneider es mehr als schwierig hatten, geriet das Schiff immer mehr in Schieflage und kenterte schließlich Ende 2002. Drei Jahre später wiedereröffneten Gert Christiaens und Roland De Bus Oud Beersel, und mit Unterstützung der legendären Brouwerij Boon ging es seither steil bergauf. Frank Boon, eigentlich ein direkter Konkurrent, schätzte die einzigartigen Eigenarten der Beerseler Sauerbiere so sehr, dass er die schützende Hand über den Rivalen aus dem Nachbarort hielt. Um Geuze und Kriek finanziell abzusichern, braut Oud Beersel seit dem Neustart auch marktgängigere Biere, namentlich das *Bersalis Tripel* sowie eine leichtere Version namens *Kadet*.

Sowohl das kirschblutrote Kriek als auch die grünstichige **Oude Geuze Vielle** sind in den vergangenen Jahren mit Preisen überhäuft worden. Letztere schmeckt spritzig nach unreifem Apfel und ist ein traumhaft ausbalancierter, staubtrockener Sekt. Die typisch Oud Beersel'sche Kreuzung von milchsaurer Champagnerfrische und herber Hopfenbittere macht sie auch unter den Gueuzen einzigartig.

Oude Geuze Vielle

Brauart: Gueuze

Alkohol: 6,0 % vol.

2014
OUDE GEUZE VIEILLE
Oud Beersel
6% ALC/VOL
1 PINT 9.4 FL. OZ./750ML
Oud Beersel

RATSHERRN

ROTBIER
HAMBURG, DEUTSCHLAND

Die Elbschloss-Brauerei wurde 1881 in Nienstedten, heute ein Stadtteil von Hamburg, gegründet. Nach dem Zweiten Weltkrieg war das *Ratsherrn Pils*, Frucht „edler hanseatischer Braukunst", ihr Kassenschlager. In den 1990er Jahren endete die Geschichte der ehemaligen Großbrauerei jäh. Nach der Übernahme 1993 dauerte es gerade einmal vier Jahre, bis die Produktion eingestellt und die Anlagen demontiert wurden.

2005 erwarb Nordmann, ein ehemaliger Bierverlag und auch heute noch auf Getränke spezialisiert, die Markenrechte. 2012 kam es dann zur Wiedereinführung von Ratsherrn. Zwischen Sternschanze und Messe, direkt hinter Tim Mälzers „Bullerei", haben die Brauerei, das Braugasthaus „Altes Mädchen" und ein großer Craft Beer Shop ihre Heimat gefunden. Schnell schlug das Hamburger Craft-Bier in der Hansestadt und über ihre Grenzen hinaus hohe Wellen.

Rotbier hat es immer schon gegeben, ob in Irland, Flandern oder Franken, allerdings haben Irish Red Ale, Vlaams Rood und Nürnberger Rotbier nicht viel mehr gemeinsam als das Farbspektrum. In Hamburg reicht die Tradition des Rotbiers angeblich bis ins Mittelalter zurück, und ab 1536 soll der Gastwirt Joachim von Lohe in seinem Wirtshaus am Pepermölenbek, unweit der heutigen Reeperbahn, die Massen mit seinem *fewrrothen* Bier angezogen haben.

Die rubinrot schimmernde Version von Ratsherrn erinnert in der Nase an Johannis- und Himbeeren. Auf der Zunge regieren frische Malztöne, die sich mit der angenehmen Bittere des Aromahopfens Saphir vermählen. Das Rotbier ist sehr rund – und sehr gut trinkbar, wie alle Biere des neuen Ratsherrn.

Rotbier

Brauart: Rotbier

Stammwürze: 12,5 ° Plato

Bittereinheiten: 28 IBU

Hopfen: Herkules, Hallertauer Tradition, Saphir

Malz: Pale Ale, Melanoidin, Carared, Carabohemian

Alkohol: 5,2 % vol.

RIEDENBURGER

DOLDENSUD
RIEDENBURG, NIEDERBAYERN, DEUTSCHLAND

Seinen 150. Geburtstag feierte im Jahr 2016 das Brauhaus der Familie Krieger im idyllischen Altmühltal. 1866 gab es in Riedenburg weitere fünf Brauereien sowie ein Kommunbrauhaus, von denen nur Riemhofer überlebt hat. Dass auch das Riedenburger Brauhaus immer noch gesund und munter ist, liegt nicht zuletzt daran, dass die Brau-Krieger seit eh und je nicht nur der Tradition verpflichtet, sondern stets auch ihrer Zeit voraus waren. Als Mitte der 1960er Jahre die Renaissance des Weizenbiers einsetzte, gehörten sie zur Vorhut. 1989 begannen die Pioniere, auf ökologische Rohstoffe und biologische Produktion umzustellen. Von Kloster Plankstetten stammen die Getreide, darunter Emmer und Einkorn, mit denen in Riedenburg nicht nur die Klosterbiere gesudet werden.

Und auch den Craft-Zug verpassten sie nicht. Maximilian und Tobias, die Söhne des Brauherrn Michael Krieger, ritten auf ihrem Elefant in die weite Welt und entdeckten das India Pale Ale. Aber Unterbayern ist nicht Kalifornien. Der **Doldensud** ist kein Westcoast-IPA, sondern ein Kind Bayerns: eher würzig denn herb, eher aromatisch als bitter, überwältigend fruchtig, unglaublich süffig und Gerüchten zufolge mit zehn Aromahopfen geimpft.

Die Brauerei fasst noch einmal zusammen: „19. Jahrhundert, Britisch-Indien: Engländer sitzen auf dem Trockenen. Bier muss her. Problem: Bier wird schlecht auf See (nicht seekrank). Lösung: mehr Alkohol, mehr Hopfen, dann vor Ort verdünnen. Verdünnen? Nö. Schmeckt super! India Pale Ale erfunden. 21. Jahrhundert: Braumeister schickt zwei Söhne in die Welt. Neues Bier muss her. Finden altes IPA. Machen neues IPA. Schmeckt richtig spitze. Alles Bio! Alle glücklich! Alle Prost!"

Doldensud

Brauart: India Pale Ale

Stammwürze: 15,5 ° Plato

Bittereinheiten: 55 IBU

Alkohol: 6,5 % vol.

RIEGELE

AURIS 19 – *GOLDENES FEUER*
AUGSBURG, SCHWABEN, DEUTSCHLAND

1886 erwarb Sebastian Riegele die Brauerei „Zum Goldenen Roß“, deren Geschichte bis ins Jahr 1386 zurückdatiert. Immer noch in Familienhand, wird das Brauhaus Riegele heute von Sebastian Priller dem Jüngeren, Weltmeister der Sommeliers für Bier 2011, geleitet. Zusammen mit Braumeister und Hefen-Genius Frank Müller kreierte er in der Biermanufaktur acht wahrhaft weltmeisterliche „Brauspezialitäten“, die ihresgleichen suchen, und man möchte ausrufen: „Glückliches Augsburg, das solche Braukunst beherbergt!“

Alle acht Edelstoffe verdienten gesonderte Verehrung, erwähnt seien *Simco 3 – Hopfiges Lebensglück*, eine kastanienbraune Hopfenkönigin von besonderer Schönheit, *Noctus 100 – Schwarzes Geheimnis*, ein tiefgründiges Imperial Stout, und *Dulcis 12 – Süße Verführung*, ein mit Honig und Kandis geimpftes belgisches Tripel vom anderen Stern. Zwei Doppelböcke sind im Programm: *Ator 20 – Dunkle Versuchung*, eine bittersüße Malzbombe, und **Auris 19**, das strahlend goldene Pendant. Ein majestätischer Bock, dessen opulenter Alkohol völlig unauffällig bleibt. Unverkennbar ist dagegen der überwältigend vollmundige Malzkörper, der ebenso subtil wie perfekt ausbalanciert ist. Eine leichte, raffinierte Süße von nussig-karamelligen Charakter dominiert – ein Traum von einem Bier, dessen Aromawellen hartnäckig nicht verebben.

Auris 19 – *Goldenes Feuer*

Brauart: Heller Doppelbock

Stammwürze: 19 ° Plato

Hopfen: Hallertauer Perle, Opal

Malz: Pilsener, Steffi

Hefe: Saccharomyces Cerevisiae 34/70

Alkohol: 9 % vol.

AURIS
19
Goldenes
Feuer
Riegele BierManufaktur
Brauspezialitäten seit 1386.
AURIS
19
»Goldenes Feuer«
Gebraut in der Riegele Biermanufaktur
und empfohlen vom Weltmeister der
Biersommeliers Sebastian B. Priller
9,0%
0,66l

ROGUE

CHOCOLATE STOUT
NEWPORT, OREGON, VEREINIGTE STAATEN

Rogue würde man wohl am ehesten mit Schurke übersetzen. Er kann aber auch ein Spitzbube, Schelm, Vagabund, Einzelgänger sein, der sich den Konventionen nicht beugt und entschlossen seinen Weg geht. In der Rogue-Unabhängigkeitserklärung, einer Art Craft-Glaubensbekenntnis, fordert die Brauerei den Aufstand gegen Bier ohne Geschmack und die Treue allein gegenüber den ewigen Gesetzen von Hopfen und Malz. Die Rebellion gegen geschmacksfeindliche Obrigkeiten sei die Pflicht aller aufrechten Rogues, die also so richtig schlimme Schurken nicht sein können.

Rogue Ales wurde 1988 gegründet und gehört damit zu den Pionieren der Craft-Revolte gegen wässriges Bier. Zu den großen, kompromisslosen Schurken-Geniestreichen gehört das **Chocolate Stout**, das nicht nur aromatisch an Schokolade erinnert, sondern tatsächlich mit ebensolcher gebraut wird. Schon optisch ist es ein typisches Stout – schwarz mit dichter, goldbrauner Espresso-Crema. Olfaktorisch überwältigt es mit einem intensiven, um nicht zu sagen extremen Kakaoaroma. Gustatorisch glänzt das Chocolate Stout als tiefschwarze Herrenschokolade. Säuerlich, würzig-bitter, cremig, trocken, mit metallischen Anklängen und später immer tiefsinniger, entwickelt es eine herrliche Intensität, Tiefe und Komplexität.

Chocolate Stout

Brauart: Stout

Stammwürze: 15 ° Plato

Bittereinheiten: 69 IBU

Hopfen: Rogue Farms Rebel Hops

Malz: 2-Row, C120, Chocolate & Rogue Farms Dare and Risk Malts, Röstmalze

Hefe: Pacman

Jenseits des Reinheitsgebots: Schokolade, Haferflocken

Alkohol: 5,8 % vol.

RISK
ROGUE
1 PT. 6 FL.OZ
650 ML.
CHOCOLATE STOUT

ROOIE DOP – OPROER

DOUBLE OATMEAL STOUT
UTRECHT, NIEDERLANDE

Seit 2012 experimentierte Mark Strooker in seinem Utrechter „Brew Dungeon", um die Grenzen des Bierbrauens ein wenig auszudehnen. Um absatzfähige Mengen produzieren zu können, setzte er seine Sude bei De Molen im nicht weit entfernten Bodegraven an. 2015 tat sich Rooie Dop mit Ruig zusammen, einer anderen Mikrobrauerei aus Utrecht, um unter dem neuen Namen Oproer Brouwerij mit eigener Brauerei samt angeschlossenem Pub und veganem Restaurant für Aufruhr zu sorgen.

Für ein Oatmeal Stout werden neben Gerstenmalzen auch Haferflocken (ob ganz, geschrotet oder gemahlen) zugegeben. Die Verwendung von Hafer war insbesondere auf der britischen Insel in den grauen Vorzeiten des Bierbrauens ganz und gar üblich, im 19. und beginnenden 20. Jahrhundert noch einmal der letzte Schrei, starb dann recht plötzlich aus, um ab den 1980er Jahren wieder aufzutauchen.

Double Oatmeal Stout

Brauart: Imperial Oatmeal Stout

Hopfen: Columbus, Saazer

Malz: Pale, Cara, Black, Special B, Röstmalz

Jenseits des Reinheitsgebots: Haferflocken

Alkohol: 9,6 % vol.

Haferflocken machen Stouts wunderbar cremig, seidig und sahnig, sie verleihen ihnen einen volleren Körper und einen leicht süßlichen Touch.

Rooie Dops **Double Oatmeal Stout** hat neben den üblichen Verdächtigen (Kakao, Kaffee) Aromen von Kokosnuss, Vanille, Nougat und Süßholz zu bieten. Der Arrest im Whiskyfass verleiht ihm erdige und ledrige Untertöne, die sich jedoch nicht in den Vordergrund drängen. Ein hochkomplexes Bier, das aber stets freundlich bleibt und erfreulich leicht zu trinken ist.

Bourbon
Barrel Aged
Rooie
Dop
Double Oatmeal Stout
Ingredients:
water, malt (pale, flaked oats, cara, black, special & roasted barley), hop (Columbus, Saaz), yeast
Vol. 33 cl
www.rooiedop.nl
Alc. 9.6% vol

RUSSIAN RIVER

PLINY THE ELDER
SANTA ROSA, KALIFORNIEN, USA

Plinius der Ältere, ein römischer Universalgelehrter, der beim Ausbruch des Vesuvs im Jahre 79 bei Pompeji starb, verfasste die älteste bekannte Enzyklopädie. In der vielbändigen *Naturalis historia* berichtet er sowohl über das Bier, das er in Ägypten und Spanien verortet, als auch den Wilden Hopfen, dessen junge Sprosse er wie Spargel zubereitet empfiehlt. Den Hopfen als Zutat des Biers kannte er freilich nicht, das Wissen darum entstand erst im Hochmittelalter.

Im Sonoma County, westlich des Napa Valleys, im Epizentrum des kalifornischen Weinanbaus, hopft mehr als ein Dutzend Brauereien um die Wette, darunter Lagunitas in Petaluma, Bear Republic in Healdsburg und Braumeister Vinnie Cilurzos Russian River Brewery.

Pliny the Elder ist der Heilige Gral des India Pale Ales. Sicher bekommt man es nur in der Brauerei – muss allerdings zwei Stunden in der Schlange kalkulieren, bis man in den inneren Tempelbezirk vorgelassen wird. Pliny the Elder duftet verführerisch nach Holunderblüten, glänzt golden, wie gemalt, und wird von schneeweißem Traumschaum gekrönt. Mild bitter, von adstringierender Grapefruit und gaumenkitzelnden Kiefernadeln geprägt, spricht es mit unmerklichem, aber unverkennbarem belgischem Hefeakzent. Man möchte, so viel steht fest, mit nichts anderem mehr die Schleimhäute benetzen.

Konkurrenz hat Pliny the Elder allein aus dem eigenen Hause zu fürchten – von *Pliny the Younger*, einem gravitätischen Triple IPA, das nur zwei Wochen im Februar erhältlich ist. Plinius der Jüngere überlebte die Vesuv-Katastrophe und schilderte später das Geschehen und den Tod seines Onkels – wegen seiner Berichte heißt der Vulkanausbruch auch Plinianische Eruption.

Pliny the Elder

Brauart: Double India Pale Ale

Hopfen: Amarillo, Centennial, CTZ (Columbus/Tomahawk/Zeus), Cascade, Warrior, Simcoe

Alkohol: 8 % vol.

SCHLEPPE

NO. 1
KLAGENFURT, KÄRNTEN, ÖSTERREICH

Tradition oder Craft?, das ist in den besten Fällen eine völlig belanglose und überflüssige Frage. In Klagenfurt am Wörthersee steht die Brauerei Schleppe, die im Zehntverzeichnis der Pfarre Tultschnig 1607 erstmals Erwähnung fand. Seit 1993 gehört sie zu den Vereinigten Kärntner Brauereien, 2000 wurde sie von Grund auf modernisiert und konzentriert sich seither auf Bierspezialitäten. Das erfolgreichste Pferd im Stall ist das mild gehopfte, aber vollaromatische Märzen, die eigentliche Nummer eins jedoch das Kreativbier Schleppe **No. 1**.

Die No. 1 präsentiert sich in einem herrlich knalligen Orange, gekrönt von einem dichten, feinen Schaum. Schon in der Nase dominieren hopfengeborene Fruchtnoten, die an exotische Früchte, allen voran Mango und Maracuja, erinnern. Auch auf der Zunge regieren fruchtige Noten, von Zitrone über Grapefruit, Orange, Maracuja und Kirsch, begleitet von einer moderaten und angenehmen Hopfenbitterkeit und einer zurückhalten Karamellsüße. Seine Frische und Fruchtbetontheit machen die No. 1 zu einem wunderbaren Sommerbier, das freilich viel mehr kann, als nur den Durst löschen.

Nach der No. 1 ließ Braumeister Manuel Düregger bald die nächsten niedrigen Hausnummern folgen: die No. 2, einen honiggoldenen *Weizenbock*, die No. 3, ein *Imperial IPA* mit einem Touch Rosenaroma, sowie die No. 4, das fruchtig-feinherb erfrischende *Belle Saison*.

No. 1

Brauart: English Pale Ale
Stammwürze: 12,8 ° Plato
Bittereinheiten: 35
Hopfen: Citra, Aurora, Cascade
Malz: Wiener, Karamell
Alkohol: 5,3 % vol.

No.1 10/2015
Schleppe
No.1
BIERSPEZIALITÄTEN
SEIT 1607

SCHNEIDER WEISSE

AVENTINUS EISBOCK
KELHEIM, UNTERBAYERN, DEUTSCHLAND

Als um 1870 das einst so beliebte Weißbier in der Gunst des Publikums von untergärigem Braunbier abgehängt worden war, rang Georg Schneider I. dem bayerischen Hofbräuamt das „Weißbierregal“ ab und erhielt als erster Bürgerlicher das Recht, Weizenbier zu brauen. Als nach dem Zweiten Weltkrieg die Münchener Braustätte in Schutt und Asche lag, zog Georg IV. nach Kelheim. Bis heute, bis zu Georg VI. und dem Kronprinzen Georg VII., hütet die Weißbierdynastie die Geheimnisse der besten Weizenbiere. Seit 1907 braut Schneider den mahagoniroten *Aventinus*, der mit einer Überdosis überreifer Bananen gemaischt, mit zartbitterer Mousse au Chocolat gehopft und mit edelstem Vintage Port verschnitten wird. Schon der nach dem bayerischen Hofhistoriographen Johannes Aventinus (1477–1534) benannte Weizendoppelbock ist ein abendfüllendes Erlebnis, aber seit 2002 setzt Schneider mit dem

Aventinus Eisbock

Brauart: Weizen-Eisbock

Stammwürze: 25,5 ° Plato

Bittereinheiten: 15 IBU

Hopfen: Hallertauer Tradition, Magnum

Alkohol: 12 % vol.

Aventinus Eisbock noch einen drauf. Dafür wird der Aventinus vereist und das gefrorene Wasser abgeschöpft – eine Methode, die der Legende nach im oberfränkischen Kulmbach erfunden wurde, als ein Brauergeselle Fässer mit Bockbier draußen vergaß und Väterchen Frost sich an sein wundersames Werk machte. Der Eskalator, will sagen Eisbock ist ein tiefdunkler Malzsirup und betört mit Backpflaumen, Datteln und Bratapfel, Bittermandeln, Süßholz und Marzipan – die letztgültige Trockenbeerenauslese unter den Hopfentropfen.

SCHNEIDER WEISSE
AVENTINUS
EISBOCK
SCHNEIDER WEISSE
G. Schneider & Sohn
AVENTINUS
EISBOCK

SCHNEIDER WEISSE
TAP 6
SCHNEIDER WEISSE
G. Schneider & Sohn
TAP 6
Unser Aventinus
Tiefgründig und voll Feuer - für die großen Momente am Kamin

SCHÖNRAMER

INDIA PALE ALE
SCHÖNRAM (PETTING), OBERBAYERN, DEUTSCHLAND

Schönram, ein von Feldern und Wäldern eingerahmtes Dörfchen unweit der deutsch-österreichischen Grenze, war einst nicht mehr als ein Gutshof mit Wirtshaus und Posthalterei für Kutschen, die zwischen München und Salzburg verkehrten. Spätestens seit Anfang des 17. Jahrhunderts brodeln hier die Braukessel, 1780 übernahm Bräu Jakob Köllerer, und seither ist die Private Landbrauerei Schönram in Familienbesitz – inzwischen in achter Generation.

Eric Toft war Hobbybrauer und fasste den Entschluss, in seiner Heimat Wyoming in Hopfen und Malz zu machen. Er setzte über den großen Teich, um im Bier-Mekka Weihenstephan die Kunst des Brauens zu studieren – und blieb gleich da. Seit fast zwei Jahrzehnten schwingt er in Schönram das Braupaddel und hat die deutsche Bierlandschaft mächtig durcheinandergewirbelt. Vom amerikanischen Craft-Traum beseelt, von belgischer Hefekunst inspiriert und von bayerischer Hopfenmuse geküsst, gehören nicht nur sein feinherbes *Pils* und der grazile *Saphir Bock* zur absoluten Weltklasse, sondern auch vier – im engeren Sinne – Craft-Biere: das frische, frühlingshafte *Grünhopfen Pils*, das torfig-würzige *Imperial Stout* sowie das mit Mandarina Bavaria geimpfte *Bayrisch Pale Ale*.

Und der Primus inter pares, ein gigantisches **India Pale Ale**. Golden und schaumverwöhnt, duftet es einschlägig nach Holunderblüten und ist aromatisch perfekt abgestimmt: frisch, kräftig, herb, würzig, bitter, ist es zugleich dezent fruchtig und angenehm trocken. Seifige Korianderkrautnoten verleihen ihm das gewisse Etwas und machen es zu einem der verehrungswürdigsten deutschen Vertreter seiner Zunft.

India Pale Ale

Brauart: Double India Pale Ale

Stammwürze: 17,8 ° Plato

Alkohol: 8,5 % vol.

SIERRA NEVADA

TORPEDO EXTRA IPA
CHICO, KALIFORNIEN, USA

Ken Grossman und Paul Camusi gründeten Sierra Nevada Brewing 1980, als es in den USA gerade einmal eine Handvoll Mikrobrauereien gab. Das erste Bier der Kalifornier, das *Pale Ale*, ist auch heute noch ihr Flaggschiff. Satt mit Cascade kaltgehopft, wie es die Welt zuvor noch nicht gesehen hatte, wurde es zur Ikone der Craft-Bewegung. Sierra Nevada ist maßgeblich für die Erfindung des Westcoast-Stils verantwortlich. Die einstige Mikrobrauerei mit selbst gebasteltem Equipment ist längst in die Top Ten der größten amerikanischen Brauer aufgestiegen.

Torpedo Extra IPA

Brauart: American India Pale Ale
Stammwürze: 17 ° Plato
Bittereinheiten: 65 IBU
Bitterhopfen: Magnum
Aromahopfen: Magnum, Crystal
Torpedohopfen: Magnum, Crystal, Citra
Malz: Two-row Pale, Karamell
Alkohol: 7,2 % vol.

Für das **Extra IPA** hat Sierra Nevada den Hop **Torpedo** erfunden, eine mit Hopfendolden geladene Edelstahlapparatur, durch die Bier vom und wieder in den Gärbehälter zirkuliert. Immer noch mehr Aroma, nicht aber zu viel Bitterkeit reichert sich so an. Mit überwältigenden Ergebnissen: Zwei Seiten streiten um die Vorherrschaft im Torpedo, ohne dass sich eine je durchsetzen könnte. Trocken, herb, würzig, kräftig hopfenbitter, bestimmt von einem herrlichen Zitrusaroma und begleitet von grasigen Noten ist die eine; Breitwandkaramell könnte man den Gegenpart nennen, der schon in der Farbe auffällig ist, schüchtern in die Nase steigt und auf der Zunge immer vollmundiger wird. Eine großartige Schlacht zwischen Zitrone und Karamell, die keinen, oder besser: nur Sieger kennt.

TORPEDO
65 IBU
whole-cone American hops.
SIERRA NEVADA
TORPEDO
EXTRA IPA
12 FL. OZ.

SINT-SIXTUSABDIJ VAN WESTVLETEREN

TRAPPIST WESTVLETEREN TWAALF (XII) VLETEREN, WESTFLANDERN, BELGIEN

„Der Trappist Westvleteren kann nur von Privatpersonen erworben werden, wobei sich jeder Käufer dazu verpflichtet, das Bier nicht weiterzuverkaufen. Sie sind der Endverbraucher. Daher steht auf dem Kassenbon vermeldet, dass Sie das Bier nicht in den Handel bringen dürfen. Wir können Sie dafür gerichtlich belangen", warnen uns die Mönche. Hatten wir aber auch gar nicht vor ...

1831 gründeten Trappisten des Klosters Sainte Marie du Mont in Französisch-Flandern das Priorat Sint Sixtus, das 1871 Abtei wurde. Seit 1839 brauen sie. Kein schlechtes Bier. Eher gutes. Leider hat sich das herumgesprochen. Anders als die anderen belgischen Trappistenbiere – von Achel bis Westmalle – kann man es nicht kaufen. Auch nicht im noch so gut sortierten Einzelhandel. Man muss schon hinfahren, zur Abtei. Aber erst anrufen. Leider ist immer besetzt: „Bis Ihre Bestellung von uns aufgenommen werden kann, müssen Sie (...) viel Geduld und viel Glück haben."

Die Trappisten hüllen sich in monastisches Schweigen. Früher hatten sie ihre Ruhe, heute werden sie von lärmenden Touristengruppen belästigt. Gut, dass die Abteimauern meterdick und turmhoch sind. Die Mönche leben schließlich, um zu beten. Und brauen, um zu leben. Und nicht umgekehrt.

In der Klausur brodeln die Kessel: *Es werde Bier! und es ward Bier. Und Gott sah, dass das Bier gut war.* Das duster rotbraune **Trappist Westvleteren**

Trappist Westvleteren Twaalf (XII)

Brauart: Quadrupel

Alkohol: 10,2 % vol.

Die begehrten Flaschen aus Westvleteren brauchen kein Etikett. Man erkennt sie am Kronkorken: Das 6/Blond *(5,8 % vol.) ist grün gekrönt, das* 8/Dubbel *(8 % vol.) blau, das* 12/Quadrupel *gelb.*

Twaalf (XII) atmet malzig-dunkelbeerenbeseelt und perlt frizzante. Zwei Aromen meditieren in ihm eine weltferne Biermystik: Schwarze Johannisbeeren und Marzipan. Von wegen „bestes Bier der Welt" – es ist eins ganz gewiss nicht: von dieser Brauwelt.

SIREN

CALYPSO
WOKINGHAM, BERKSHIRE, ENGLAND

In Homers Odyssee locken die Sirenen vorbeisegelnde Seefahrer an. Wer ihrem betörenden Gesang erliegt, um den ist es geschehen. 2012 gründete Darron Anley Siren Craft Brew, das seither kometenhaft in die erste Riege der englischen Brauereien aufgestiegen ist. Das liegt nicht zuletzt an Braumeister Ryan Witter-Merithew, einer imposanten Erscheinung mit einem Imperial Vollbart und einer flächendeckenden Oberarmtätowierung von König Gambrinus, dem mythischen Erfinder der Braukunst und Schutzheiligen der Brauer ehrenhalber.

Mit vier ganzjährigen Bieren begann die Odyssee von Siren, später kam ein fünftes dazu: das Calypso, bei dem es sich strenggenommen um eine mythengeschichtliche Schummelei handelt. Denn Kalypso spielt in Homers Versepos zwar tatsächlich eine tragende Rolle, gehört aber keineswegs zu den Sirenen. Auch sie bezirzt Odysseus mit ihrem Gesang, hält ihn sieben Jahre auf ihrer Insel fest und verspricht ihm ewige Jugend, bliebe er bei ihr. Vergeblich, denn es zieht den weitgereisten Heros zurück nach Ithaka und zu seiner treuen Gattin Penelope.

Calypso
Brauart: Berliner Weiße
Alkohol: 4 % vol.

Die **Calypso** Dry Hopped Berliner Weiße ist sehr blass und moussiert recht fein, ist ebenso zitrussäuerlich wie erfrischend und sommerlich. Zum Kalthopfen hat Siren schon alles, was unter Aromahopfen Rang und Namen hat, verwendet: Amarillo, Cascade, Centennial, Citra, Comet, Enigma, Equinox, Galaxy, Hüll Melon, Mandarina, Mosaic und Simcoe. Also, Freunde, vergesst für einen Moment die Biermischgetränke und lasst euch vom bezaubernden Gesang der falschen Sirene Calypso locken …

RUBY PORTO
RUBY PORTO
SIREN
CRAFT
BREW
CALYPSO
CALYPSO
CALYPSO

ST. ERHARD

ST. ERHARD
BAMBERG, OBERFRANKEN, DEUTSCHLAND

Ein Hauptziel der Bologna-Hochschulreform ist die Erhöhung der internationalen Mobilität der Studierenden. Ein weitgehend erfolgloses Ansinnen, aber bei Christian Klemenz wirkte der Reiseimperativ. Er ging für ein Semester nach Indien und stellte fest, dass die Inder zwar auf deutsches Bier schwören, aber keins kennen, weil es dort keins gibt. Er ließ welches schicken und von Indern verkosten ... und der Gewinner war: Kellerbier.

Zurück in der oberfränkischen Heimat, entwickelte er zusammen mit der Brauerei Rittmayer, die älter als das Reinheitsgebot ist, das **St. Erhard**. Um das stylishe Orange des Kellerbiers ins rechte Licht zu rücken, kommt es in eine durchsichtige Flasche mit UV-Schutz und puristischem, elegantem Design. Benannt wurde es nach dem heiligen Erhard von Regensburg, der Ende des 7. Jahrhunderts als Wanderbischof Bayern missionierte. Das St. Erhard zog nun seinerseits als Wanderbier gen Osten. Von Delhi aus begann es seine Mission, dem indischen Subkontinent die Freuden des fränkischen Erfrischungstrunks näherzubringen. India Pale Ale war gestern, India Kellerbier ist heute ...

Das St. Erhard vereint in der Nase dezente Malzaromen und die Frische von Johannisbeeren, und genau das setzt sich auch auf der Zunge fort. Das hl. Original Kellerbier ist frizzante, ein Art Rosé-Champagner, zart malzig, von roten Früchten dominiert, während Bitternoten hintergründig bleiben. Definitiv ein Hochsommerbier – und (aber darf man das sagen?) ein Damenbier, das geneigten Inderinnen noch besser munden dürfte als Indern.

St. Erhard

Brauart: Kellerbier

Stammwürze: 13,5 ° Plato

Hopfen: Tettnanger

Malz: Pilsener, Wiener, Cara-Münch

Alkohol: 5,0 % vol.

STEAMWORKS

KILLER CUCUMBER ALE
VANCOUVER, BRITISH COLUMBIA, KANADA

1995 gründete Eli Gershkovitch, Enkel des Wiener Musikprofessors Leo Gershkovitz, die Steamworks Brewing Company mitsamt Brewpub im historischen Vancouver Viertel Gastown, das sinnigerweise nach dem englischen Abenteurer John „Gassy Jack" Deighton benannt wurde, der dort ab 1867 die erste Bar betrieb – eine echte Hafenspelunke, in der der geschwätzige Jack, der während des Goldrauschs am Fraser River Dampfschiffkapitän gewesen war, sein Seemannsgarn spann und bekannt wie ein bunter Hund wurde.

Zu den Wahrzeichen von Gastown gehört die Steam Clock, eine mit Dampf betriebene Standuhr, deren fünf Pfeifen alle Viertelstunde den Westminsterschlag zum Besten geben. Gastown wird mit Fernwärme geheizt, auch das Landing Building, wo der Braukessel der Mikrobrauerei mit Wasserdampf auf Touren gebracht wird. Längst wird der Löwenanteil der Steamworks-Dampfbiere allerdings im nahen Burnaby produziert.

Killer Cucumber Ale

Brauart: Pale Ale
Bittereinheiten: 25 IBU
Hopfen: Fuggles, Cascade
Malz: Golden Promise, Vienna, Weizenmalz
Hefe: Belgische Hefe
Jenseits des Reinheitsgebots: Bio-Gurken
Alkohol: 4,7 % vol.

Zu den Spezialitäten von Steamworks gehören unkonventionelle Biere mit Obst und Gemüse. Himbeer- oder Sauerkirsch-Kreationen, Witbier mit Maracuja oder das Pumpkin Ale, ein Halloween-Bier mit Kürbis, Zimt, Ingwer, Muskat und Nelken. Ihr India Pale Ale impfen sie mit weißen Jasminblüten – für einen frühlingshaften floralen Touch. Ungemein erfrischend ist das **Killer**

Cucumber Ale, ein hellblondes, ziemlich klares Bier, in dem jedoch dunkle Schwebeteilchen umhertrollen, die man spontan gewillt ist für Gurkenschalenraspeln zu halten. Es ist angenehm bitter, zitronig und korianderseifig, kurz ein grandioses Sommerbier. Steamworks selbst hat in ihm einen Hauch von Marille ausgemacht, was eine Reminiszenz an die eigene österreichische Vorvergangenheit sein könnte.

STÖRTEBEKER

ROGGEN-WEIZEN
STRALSUND, VORPOMMERN, DEUTSCHLAND

Die Stralsundische Vereinsbrauerei wurde 1827 gegründet. Nach dem Zweiten Weltkrieg wurde sie in einen Volkseigenen Betrieb umgewandelt und passte sich den Qualitätsstandards der sozialistischen Planwirtschaft an. Nach der Wiedervereinigung kam es auch diesbezüglich zur Wende. Um 2010 rief die Brauerei eine neue Bierkultur aus und benannte sich 2011 in Störtebeker Biermanufaktur um. Das Flaggschiff unter den Hansekoggen ist nach wie vor das formidable *Schwarzbier*, doch mit dem stürmischen *Atlantik-Ale*, dem feinmalzigen *Baltik-Lager* oder dem mahagonifarbenen *Hanse-Porter* streben die Stralsunder die bierhandwerkliche Hoheit über den Ostseeraum an.

Das kastanienbraune **Roggen-Weizen**, das durch einen Teil Roggenmalz einen kernigen Touch erhält, wurde beim World Beer Cup 2014 als „Bestes Dunkelweizen" mit Gold prämiert. Seine Schaumkrone und Rezens lassen nichts zu wünschen übrig, es ist mild-würzig, leicht bitter, wartet mit dezenten Pflaumennoten und einem Hauch Schokolade, aber auch den üblichen Weizenbierverdächtigen Banane, Nelke und Lorbeer auf. Eine vollmundige Bierspezialität, noch dazu mit Bio-Hopfen und -Malz sowie Wasser aus dem hauseigenen Brunnen. Apropos: Den Bundesehrenpreis des Bundesministeriums für Ernährung und Landwirtschaft gab die Brauerei 2009 zurück, nachdem Freilandversuche mit gentechnisch veränderter Gerste in Mecklenburg-Vorpommern genehmigt worden waren.

Roggen-Weizen

Brauart: Roggen-Weizen

Stammwürze: 12,9 ° Plato

Hopfen: Smaragd

Malz: Roggen-, Weizen-, Röst- und Karamellmalze

Alkohol: 5,4 % vol.

WEIZEN
Störtebeker
BRAUSPEZIALITÄTEN
ROGGEN-WEIZEN

STONE – ARROGANT BASTARD

ARROGANT BASTARD ALE
ESCONDIDO, KALIFORNIEN, USA

„Gehasst von vielen. Geliebt von wenigen. Du bist es nicht wert." Der arrogante Bastard macht seinem Namen alle Ehre. Kein Wort verliert er über Hopfen, Malz oder Bittereinheiten, sondern legt gleich nach: „Dies ist ein aggressives Bier. Du wirst es wahrscheinlich nicht mögen. Es ist äußerst zweifelhaft, ob du den Geschmack hast und kultiviert genug bist, ein Bier solcher Qualität und Tiefe schätzen zu können."

Arrogant Bastard Ale

Brauart: American Strong Ale

Alkohol: 7,2 % vol.

Greg Koch und Steve Wagner gründeten 1996 im kalifornischen San Marcos Stone Brewing, das zehn Jahre später ins benachbarte Escondido umzog. Längst keine Mikrobrauerei mehr, sondern mittlerweile einer der US-Brautitanen, gilt Stone unausrottbaren Gerüchten zufolge als eines der besten Sudhäuser des Planeten Erde. Längst streben die arroganten Bastarde nach der Weltbierherrschaft, nicht nur durch eine Brauerei an der Ostküste, sondern auch mit einem transatlantischen Brauangriff auf Berlin.

2015 gliederte Stone das **Bastard Ale** und seine Filiationen – oaked, double, depth-charged und Bourbon barrel-aged sowie entferntere Verwandte – unter dem Namen Arrogant Bastard Brewing aus und kündigte in einem beispiellosen Anfall von Arroganz an, die Bastardfamilie fortan bei Great Divide in Denver, Maine in Freeport, Maui auf Hawaii und BrewDog in Schottland fremdbrauen zu lassen. Wie der Bastard ins Auge sticht, in die Nase steigt, auf der Zunge liegt? Kein Wort dazu. Arroganz ist die hohe Schule des Geschmacks, nicht der Geschwätzigkeit.

ARROGANT BASTARD ALE
"YOU'RE NOT WORTHY"

THORNBRIDGE

BRACIA
BAKEWELL, DERBYSHIRE, ENGLAND

Im Norden Englands, im Peak-District-Nationalpark zwischen Manchester und Sheffield, liegt Thornbridge Hall. Berühmt ist das hochherrschaftliche Landhaus nicht zuletzt wegen seiner prächtigen Gärten aus dem 19. Jahrhundert. Das Anwesen gehört Jim und Emma Harrison, die dort 2005 eine kleine traditionalistische Brauanlage und 2009 im nahen Bakewell eine weitere, hochmoderne in Betrieb nahmen.

Bracia – Rich Dark Ale

Brauart: English Strong Ale

Hopfen: Target, Pioneer, Hallertau Northern Brewer, Sorachi Ace

Malz: Maris Otter, Brown, Münchner, Dark Crystal, Black, Chocolate, Röstmalze

Jenseits des Reinheitsgebots: Kastanienhonig

Alkohol: 10 % vol.

Die Verbindung von Tradition und Moderne kennzeichnet auch die hochklassigen, vielfach preisgekrönten Biere von Thornbridge, vom *Wild Raven Black IPA* bis hin zu *Tzara*, das sich Kölsch nicht schimpfen darf, sondern als *Köln Style Beer* firmiert. Das absolute Meisterwerk der landadeligen Brauerei ist jedoch **Bracia**. Aus der Flasche kommt ein tiefschwarzer Sud mit opulentem Schaumteppich. Malzsüß im Antrunk, enthüllt das Bracia jedoch schnell seine schwarze Seele aus bitterster, düsterster Herrenschokolade. Der opulente Alkohol hat nicht einen Hauch von billigem Likör, sondern ist edelster Whisky. Über all der reichen, komplexen Ernsthaftigkeit gehen einem die Assoziationen aus – kein Kaffee, keine Vanille, keine Haselnüsse, kein Kakao, kein Süßholz, kein Leder, kein Tabak, am ehesten noch Torf, wie es das Etikett vorschlägt. Die schwärzeste Nacht des *Reichen Dunklen Biers*, ein schwarzes Leuchten aus Hopfen, Malz und Kastanienhonig ...

Thornbridge
THORNBRIDGE
HALL
BRACIA
Rich Dark Ale
A velvety, rich ale generously infused
with dark and bitter chestnut honey.
Aromas of cappuccino, chocolate,
fresh peel, liquorice and hazelnuts
with a little peat in the finish.
10% ABV
500ml℮
INNOVATION · PASSION · KNOWLEDGE

GUEUZERIE TILQUIN

OUDE QUETSCHE TILQUIN À L'ANCIENNE
BIERGHES (REBECQ), WALLONISCH-BRABANT, BELGIEN

Dass etwas wie sauer Bier angeboten wird, also ein Ladenhüter ist, trifft vielerorts leider auch auf Sauerbier zu. Auf Hopfenbitterkeit können Pilstrinker leicht umschulen, um saure Biere genießen zu können, muss man dagegen neu eingeschult werden. Die deutschen Varianten Gose und Berliner Weiße waren fast ausgestorben, als sie von Craft-Brauern und -Bewegten wiederentdeckt wurden. Nur im Stammland der Bierspezialitäten, in Belgien, haben sich die Sauerbiere gehalten, und inzwischen ist in den Vereinigten Staaten der Craft-Bewegung ein regelrechter Hype ausgebrochen.

Nachwuchs-Verschneider (Geuzesteeker) Pierre Tilquin gründete 2009 seine Gueuzerie, die einzige in der Wallonie. 2011 war dann das erste Bier fertig, denn Gueuzen brauchen vor allem eines: viel Zeit. Tilquin bekommt seine Würzen (die noch unvergorenen Sude) von namhaften Brauern – Boon, Cantillon, Girardin, Lindemans – und lässt sie in hauseigenen Eichenfässern zu Lambics spontanvergären. In einem Verschnitt von ein und zwei Jahre alten Lambics werden dann Zwetschgen vier Monate lang fermentiert, das Resultat reift in der Flasche nochmals drei Monate nach.

Tilquins Quetsche (und auch seine Gueuze) tragen den Vorsatz **Oude**, der nur traditionell, ohne alle Tricks und Hilfsmittel, hergestellten Sauerbieren zusteht. Die Quetsche ist kräftig sauer, herb, trocken, fruchtig. Und bei all dem ein ungemein harmonisches Bier, bei dem es leicht fällt, in den sauren Apfel, pardon, in die Zwetschge zu beißen – definitiv einer der großen Champagner belgischer Braukunst.

Oude Quetsche Tilquin à L'Ancienne

Brauart: Lambic

Alkohol: 6,4 % vol.

Oude
QUETSCHE
TILQUIN
A l'ancienne
Product of Belgium
GUEUZE
TILQUIN

VICTORY

GOLDEN MONKEY
DOWNINGTOWN, PENNSYLVANIA, USA

Als die Fünftklässler Ron Barchet und Bill Covaleski sich 1973 im Schulbus begegneten, ahnten sie nicht, dass sie gut zwei Jahrzehnte später gemeinsam das Braupaddel schwingen würden. Die beiden Jugendfreunde wurden getrennt, als der eine an der Ost-, der andere an der Westküste studierte. 1985, kurz nach seinem College-Abschluss, hängte Bill ein freiwilliges Praxissemester mit dem Heimbrauset seines Vaters dran – und schenkte Kumpel Ron ein ebensolches zu Weihnachten. Beide gingen nach Bayern, um das Handwerk zu lernen, und verdienten sich bei der Baltimore Brewing Company und Old Dominion in Virginia die ersten Sporen. 1996 öffneten sie die Tore der eigenen Brauerei – mit den drei Erstlingen *HopDevil Ale*, *Victory Festbier* und *Brandywine Valley Lager*.

Barchet und Covaleski brauen nicht mit Pellets, sondern mit ganzen Hopfendolden – und haben sich auf europäische Biere spezialisiert. Vom *Prima Pils* über die *Kirsch Gose* bis zum *Moon Glow Weizenbock* haben viele davon deutsche Wurzeln. Auch im **Golden Monkey** verbinden sich europäische, nämlich belgische Tradition und amerikanische Craft-Kreativität zu einer transatlantischen Melange. Mit europäischen Hopfen, deutschem Malz und belgischer Hefe gebraut, sieht, hört und sagt der goldene Tripel-Affe nichts, sondern konzentriert sich meditierend darauf, bestens zu munden. Mit Erfolg: In den honigsüßen Malzanflug, der von hintergründiger Hopfenzitrone im Zaum gehalten wird, mischt sich bald eine kardamom-hefige Pfeffrigkeit.

Ein wahrhaft goldenes Bier, zugleich Sonnenauf- und -untergang, das Bilder gerade abgeernteter Kornfelder vor dem inneren Auge aufblitzen lässt.

Golden Monkey

Brauart: Tripel

Jenseits des Reinheitsgebots: Koriandersamen

Alkohol: 9,5 % vol.

VON FREUDE

SONNENØL
HAMBURG, DEUTSCHLAND

Stoppt Massenbierhaltung! fordern Von Freude vehement – und tragen ihren Teil bei, um verkümmerten Biermonokulturen, verheerenden Bierseuchen, entsetzlicher Bierquälerei und grausamen Bierversuchen künftig keine Chance zu lassen. 2013 begannen Natalie und Martin von Freude mit ihren Expeditionen ins Bierreich. Die biergerechte Aufzucht schreiben sie groß, denn schließlich merkt man dem Endergebnis an, ob es von glücklichen Hefen stammt. Intensivbierhaltung lehnen die Jungbrauer kategorisch ab, zu sehr haben sie sich dem Bierschutz verschrieben, zu viele Semester Bierethik studiert. Das erste Geschöpf der Bierpfleger war das *Ale Primeur*, ein belgisches Pale Ale mit hanseatischem Einschlag. Es folgten weitere Bierarten, darunter auch das vom Aussterben bedrohte und unter Bierschutz stehende Julebryg – eine dänische Winterspezialität mit Gewürzen und Ingwer – namens *Hygge Hibernation*.

Sonnenøl

Brauart: Saison

Stammwürze: 11,5 ° Plato

Bittereinheiten: 30 IBU

Hopfen: Hüll Melon, Simcoe, Chinook, Centennial

Alkohol: 6 % vol.

Bierisch komisch, wird so mancher geneigter Leser nun aufstöhnen, also Schluss mit lustig! Auf Dänisch und Norwegisch heißt Bier Øl, in anderen skandinavischen und baltischen Sprachen ähnlich. Das **Sonnenøl** ist eindeutig ein Sommerbier nach wallonischer Saison-Art. Es präsentiert sich in einem trüben, orangefarbenen Kleid, duftet vollfruchtig nach Zitrus- und Südfrüchten und ist ein vollmundiges Landbier von herb-frischem Charakter. Fruchtige Noten von Maracuja, Aprikose und Orange machen es zu einer flaschenfüllenden Freude. Und das Beste: Man kann sich mit Sonnenøl auch einreiben.

Sonnenøl

BRAUEREIEN

Ale-Mania Craftbeer
Biersmarck GmbH
Gerichtsweg 30
53227 Bonn
Deutschland
www.ale-mania.de

Anchor Brewing Company
1705 Mariposa Street
San Francisco, CA 94107
USA
www.anchorbrewing.com

Anderson Valley Brewing Company
P.O. Box 505 – 17700 Hwy 253
Boonville, CA 95415-0505
USA
avbc.com

Birreria Le Baladin
Piazza 5 Luglio 1944, 15
12060 Piozzo (CN)
Italien
www.baladin.it

Belhaven Brewery
East Lothian
Dunbar
Großbritannien
www.greeneking-heretohelp.co.uk

Brauhaus Bevog GmbH
Gewerbepark B, Nr. 9
8490 Bad Radkersburg
Österreich
www.bevog.at

BIIR Barcelona Craft Beer
Barcelona
Spanien
biir.cat

Birra del Borgo
Via del Colle Rosso snc
Loc. Piana di Spedino
02021 Borgorose (RI)
Italien
www.birradelborgo.it

Birrificio Italiano
Via Marconi 27
22070 Limido Comasco, Como
Italien
www.birrificio.it

Black Isle Brewery Company
Black Isle, IV8 8NZ
Großbritannien
www.blackislebrewery.com

Braufactum
Die Internationale
Brau-Manufacturen GmbH
Darmstädter Landstraße 185
60598 Frankfurt am Main
Deutschland
www.braufactum.de

BrewBaker
BGM Berliner Getränke-
manufaktur GmbH
Sickingenstr. 9-13
10553 Berlin
Deutschland
www.brewbaker.de

BrewDog
Ellon
Aberdeenshire
Großbritannien
www.brewdog.com

Brewers & Union UG
Ganghoferstraße 31
80339 München
Deutschland
de.andunion.de

BRLO
Braukunst Berlin GmbH
Torstraße 33-35
10119 Berlin
Deutschland
www.brlo.de

Brooklyn Brewery
#1 Brewers Row
79 North 11th St
Brooklyn, NY 11249
USA
brooklynbrewery.com

Brouwerij 't IJ
Zeeburgerpad 55
1019AC Amsterdam
Niederlande
www.brouwerijhetij.nl

Cadolzburger Biermanufaktur
Brauhaus Brandmeier
Hindenburgstraße 59
90556 Cadolzburg
Deutschland
www.brauhaus-brandmeier.de

Camba Bavaria GmbH
Mühlweg 2
83376 Truchtlaching
Deutschland
www.camba-bavaria.de

Brasserie Cantillon Brouwerij
Rue Gheude Straat 56
1070 Bruxelles – Brussel
Belgien
www.cantillon.be

Coisbo Beer ApS
Trævænget 3
5492 Vissenbjerg
Dänemark
www.coisbo.com

Coronado Brewing
1205 Knoxville Street
San Diego, CA 92110
USA
coronadobrewing.com

Crew Republic Brewery GmbH
Andreas –Danzer-Weg 30
85716 München/Unterschleißheim
Deutschland
www.crewrepublic.de

Brewery De Glazen Toren
Glazentorenweg 11
9420 Erpe-Mere
Belgien
www.glazentoren.be

Brasserie de la Senne
Chaussée de Gand, 565
1080 Bruxelles
Belgien
brasseriedelasenne.be

Brouwerij de Molen
Doortocht 4
2411 DS Bodegraven
Niederlande
brouwerijdemolen.nl

De Struise Brouwers
Kasteelstraat 50
8640 Oostvleteren
Belgien
www.struise.com

Duvel Moortgat
Breendonk-Dorp 58
2870 Puurs
Belgien
www.duvel.com

Elav – Birrificio Indipendente
Via Autieri d'Italia, 268
24040 - Comun Nuovo (Bergamo)
Italien
www.elavbrewery.com

Evil Twin Brewing
446 Kent Avenue, apt 14A
Brooklyn, NY 11249
USA
eviltwin.dk

Firestone Walker Brewing Company
1400 Ramada Dr
Paso Robles, California, 93446
USA
www.firestonebeer.com

Flying Dog Brewery
4607 Wedgewood BLVD.
Frederick, MD 21703
USA
flyingdogbrewery.com

Fyne Ales
Argyll, Achdunan
Cairndow Argyll PA26 8BJ
Großbritannien
www.fyneales.com

Gruthaus-Brauerei
Krummer Timpen 61
48143 Münster
Deutschland
www.gruthaus.de

Hanscraft & Co. GmbH
Würzburger Straße 152
63743 Aschaffenburg
Deutschland
www.hc-co.de

Harviestoun Brewerie
Alva, Clackmannanshire, FK12 5DQ
Großbritannien
harviestoun.com

Hitachino Nest
Ibaraki, 311-0133
Japan
www.hitachino.cc

Hopfenstopfer
Häffner Bräu GmbH
Salinenstraße 24
74906 Bad Rappenau
Deutschland
www.brauerei-haeffner.de/
Hopfenstopfer

Kehrwieder Kreativbrauerei
Sinstorfer Kirchweg 74-92
21077 Hamburg
Deutschland
www.kreativbrauerei.de

Kona Brewing Company
Kailua-Kona
Hawaii
USA
konabrewingco.com

Kuehn Kunz Rosen
Agnes-Karll-Straße 3
55122 Mainz
Deutschland
kuehnkunzrosen.de

Laugar Brewery
Zubiete Auzoa, 42
48192 Gordexola, Bizkaia
Spanien
www.laugarbrewery.com

Left Hand Brewing Company
1265 Boston Avenue
Longmont, CO 80501
USA
www.lefthandbrewing.com

Lervig Aktiebryggeri
Vierveien 1, Hillevåg
4016 Stavanger
Norwegen
lervig.no

Maisel & Friends
Hindenburgstraße 9
95445 Bayreuth
Deutschland
maiselandfriends.com

Meantime Brewing Company
Lawrence Trading Estate
Blackwall Lane
London, SE10 0AR
Großbritannien
www.meantimebrewing.com

Mikkeller
Vesterbrogade 20, 1.TH.
1620 Kopenhagen S
Dänemark
mikkeller.dk

Nøgne Ø
Lunde 8
4885 Grimstad
Norwegen
www.nogne-o.com

North Coast Brewing Company
455 North Main Street
Fort Bragg, CA 95437
USA
www.northcoastbrewing.com

Brouwerij Oud Beersel
Laarheidestraat 230
1650 Beersel
Belgien
www.oudbeersel.com

Ratsherrn Brauerei GmbH
(Schanzenhöfe)
Lagerstraße 30 a
20357 Hamburg
Deutschland
ratsherrn.de

Riedenburger Brauhaus
Michael Krieger GmbH & Co KG
Hammerweg 5
93339 Riedenburg
Deutschland
www.riedenburger.de

Brauerei S. Riegele
Inh. Riegele KG
Frölichstraße 26
86150 Augsburg
Deutschland
www.riegele.de

Rogue Ales
2320 SE Marine Science Dr
Newport, OR 97365
USA
www.rogue.com

Rooie Dop
Oproer Brouwerij
CAB-Rondom 90A
3534 BE Utrecht
Niederlande
www.oproerbrouwerij.nl

Russian River Brewing Company
725 4th Street
Santa Rose, CA 95404
USA
russianriverbrewing.com

Schleppe Brauerei
Schleppe Platz 1
9020 Klagenfurt
Österreich
www.schleppe.at

Schneider Weisse
G. Schneider & Sohn GmbH
Tal 7
80331 München
Deutschland
www.schneider-weisse.de

Schönramer
Private Landbrauerei Schönram
GmbH & Co. KG
Salzburger Straße 17
83367 Petting/Schönram
Deutschland
www.brauerei-schoenram.de

Sierra Nevada Brewing
1075 East 20th Street
Chico, CA 95928
USA
www.sierranevada.com

Sint-Sixtusabdij Van Westvleteren
Donkerstraat 12
Westvleteren, 8640
Belgien
www.sintsixtus.be

Siren Craft Brew
Unit 1 Weller Drive
Wokingham RG 40 4QZ
Großbritannien
www.sirencraftbrew.com

St. Erhard GmbH
Hafenstraße 13
96052 Bamberg
Deutschland
www.st-erhard.com

Steamworks Brewery
3845 William Street
Burnaby, BC
Kanada
steamworks.com

Störtebeker Braumanufaktur GmbH
Greifswalder Chaussee 84-85
18439 Hansestadt Stralsund
Deutschland
www.stoertebeker.com

**Stone Brewing –
Arrogant Bastard Brewing**
1999 Citracado Parkway
Escondido, CA 92029
USA
www.arrogantbastard.com

Thornbridge Brewery
Riverside Brewery
Buxton Road
Bakewell DE45 1GS
Großbritannien
www.thornbridgebrewery.co.uk

Gueuzerie Tilquin
Chaussée Maïeur Habils, 110
1430 Rebecq (Bierghes)
Belgien
www.gueuzerietilquin.be

Victory Brewing Company
420 Acorn Lane
Downingtown, PA 19335
USA
www.victorybeer.com

Von Freude
Wahnsinn UG
Tarpenbekstraße 143
20251 Hamburg
Deutschland
vonfreude.de

REGISTER

Bildnachweis

Anchor Brewing Company: S. 63; Anderson Valley Brewing Company: S. 65; BIIR Barcelona Craft Beer: S. 73; Birra del Borgo: S. 54, 75; Black Isle Brewery Company: S. 79; Brasserie Cantillon: S. 99; Brauerei S. Riegele: S. 19, 165; Braufactum: S. 7, 10, 34, 55, 77, 81, 91, 121; Brauhaus Bevog GmbH: S. 71; BrewBaker: S. 83; BrewDog: S. 5, 85; Brewers & Union UG: S. 87; Brewery De Glazen Toren: S. 107; BRLO Braukunst Berlin GmbH: S. 89; Brouwerij 't IJ: S. 93; Brouwerij de Molen: S. 14, 23, 111; Brouwerij Oud Beersel: S. 11, 35, 39, 40, 41, 159; Camba Bavaria GmbH: S. 6, 25 r., 51 o., 97; Coisbo Beer ApS: S. 101; Coronado Brewing: S. 28, 103; Crew Republic Brewery GmbH: S. 17 o., 105; De Struise Brouwers: S. 15, 50, 113; dpa Picture-Alliance GmbH, Frankfurt am Main: S. 4, 18, 27, 33, 37 o. r., 47, 48, 181; Duvel Moortgat: S. 115; Elav - Birrificio Indipendente: S. 117; Evil Twin Brewing: S. 119; Flying Dog Brewery: S. 42, 43, 123; Fotolia.com: S. 12-13 (©kishivan), 36 (©hiddenhallow), 44 (©ExQuisine), 51 u. (©hjschneider), 52 (© j.k.f. brinkhorst), 56 (©hiddenhallow); Frédéric Raevens: S. 2; Fyne Ales: S. 125; G. Schneider & Sohn GmbH: S. 175; Gruthaus-Brauerei: S. 127; Gueuzerie Tilquin: S. 25 l., 195; Hanscraft & Co. GmbH: S. 129; Harviestoun Brewery: S. 131; Hitachino Nest: S. 133; Hopfenstopfer - Häffner Bräu GmbH: S. 51 M., 135; Irina Gilgen: S. 95, 197; Kehrwieder Kreativbrauerei: S. 57, 137; Königliche Brauerei Krušovice: S. 49; Laugar Brewery: S. 143; Left Hand Brewing Company: S. 145; Lervig Aktiebryggeri: S. 147; Maisel & Friends: S. 45, 149; mauritius images/Alamy: S. 67, 171; Meantime Brewing Company: S. 17 u., 37 o. l., 151; © www.meisterwerk-design.de: S. 141; Mikkeller: S. 153; Nøgne Ø: S. 20, 155; North Coast Brewing Company: S. 38, 157; Onepint.de: S. 37 u., 61, 69, 139; Oproer Brouwerij: S. 21, 169; Private Landbrauerei Schönram GmbH & Co. KG: S. 177; Ratsherrn Brauerei GmbH: S. 8, 29, 31, 58-59, 161; Riedenburger Brauhaus: S. 163; Rogue Ales: S. 167; Schleppe Brauerei: S. 173; Sierra Nevada Brewing Co.: S. 30, 179; Siren Craft Brew: S. 26, 183; St. Erhard GmbH: S. 185; Steamworks Brewery: S. 9, 187; Stone Brewing – Arrogant Bastard Brewing: S. 191; Störtebeker Braumanufaktur GmbH: S. 189; Summer Wine Brewery: S: 24; Taras_Boulba_®Katherine Longly: S. 109; Thornbridge Brewery: S. 193; Von Freude: S. 16, 199